日本社会心理学会第49回公開シンポジウム報告

環境のモデルノロジー

自然・基地・社会・学術等の環境を考える
－沖縄からの発信－

中村 完 編著

北大路書房

◀①自然海岸の喪失
　糸満工業団地（1986年撮影）

②大国林道建設1 ▶

◀③大国林道建設2

④大国林道建設3 ▶

▲⑤ヤンバルクイナが野ネコのえさに
沖縄タイムス，2001.12.19

▲⑥台風14号で流出する赤土
沖縄本島北部大宜味村
沖縄タイムス，2000.9.13

⑦赤土の堆積で側面が白化したハマサンゴ類（白保）
ⓒ WWF Japan/ 安村茂樹氏撮影▶

◀⑧ "超" クルマ社会沖縄
安里交差点 2005年5月13日 AM8：00

▲⑨海面上昇し砂浜がなくなったら沖縄はどうする？
　2100年の海面上昇が対1990年で88cm（世界の科学者の予測の最大値）となった場合，沖縄の砂浜は100%消失すると専門家は予測。

◀⑩米軍ヘリ墜落で被災した樹木

⑪米軍ヘリ墜落で被災した壁面▶

◀⑫未必の故意？としての沖縄国際大学ヘリ墜落事件

⑬希望の樹，ヘリ墜落を乗り越えて▶

はじめに

　日本社会心理学会第49回公開シンポジウムが，2005年6月11日に琉球大学法文学部において開催されました。シンポジウムで提起された話題の内容やそれに関しての議論の成果等を，類似の課題を抱える地域や機関において参考または活用していただきたいという願いが，本書の出版の動機であります。加えて，本シンポジウムが当大学において開催されたことを記念して，本学会会長の大坊郁夫教授と元名桜大学学長であり，現琉球大学名誉教授の東江平之氏に，「心理学の未来」に関してご執筆を依頼し，日本の心理学ワールドへ，その提言を発信したい，という希望から本書が上梓されることになりました。

　上述の観点から，本書は2部構成になっています。第Ⅰ部は，本シンポジウムの内容報告であります。シンポジウムの主テーマは「住みよい環境のあり方を探る─社会心理学的アプローチ─」でありました。本テーマ設定の背景には，沖縄地域に存在する諸課題のなかから，主として社会心理学的立場でリアリティーのある問題を取り上げ，その問題の現状を浮きぼりにし，そのような現状をどのような観点や方法で改善，改変していくかについて，有効なヒントを得たいとの願望がありました。ところで，「住みよい」に関するコンセプトでありますが，これは沖縄に在住する個々人レベルにかかわる快適性も含めて，さらには，時間的には現在のみならず次世代の人々も視野に入れ，そして空間的にも広範囲を視野に入れて，彼らにも自覚されるであろう「住みよい」という概念として考えています。

第1のサブテーマは,「快適な日々の生活の追求と素晴らしい自然環境の保全―いかにして"超"楽天主義を克服するか―」です。話題提供者は,公共事業の名目で沖縄県内ですすめられてきた自然環境の改変について具体的事例をあげ,また沖縄の過剰なクルマ社会がもたらす温室効果ガス排出の異常な増加等を指摘し,「地元経済の潤い優先,生活の利便性の追求」と「素晴らしい自然環境の保全」が両立しがたいところまできていると,懸念を訴えています。そして,これに関して社会心理学的観点をも取り入れ,次世代も考慮に入れて,総合的かつ普遍性の高い解決策を提言しています。

　第2のサブテーマは,「基地と生活環境」であります。1945年沖縄での地上戦の末,沖縄を占領した米軍は土地を接収し,今日にいたるまで基地建設を推進してきました。日本全体の0.5％の面積しかない沖縄に在日米軍の75％の基地が存在し,県民の生命,財産にかかわるリスクは,面積あたりで本土の約500倍にもなると報告しています。県民に対する意識調査の結果もふまえて,基地存在のデメリット,メリット(?)に関して多角的に考察し,結局は基地の存在に拒否の意志を表明しています。指定討論者との質疑応答の内容も併せて判断すると,ここでの考察や議論は,現在注目されている日米安全保障協議委員会で合意された最終報告のなかで,米軍の再編によって新たな基地機能が加わると予想される地域の住民が,関係機関や米軍基地へどう対応するかに関して有益な示唆を与えるものと解されます。

　第3のサブテーマは,「大人の社会規範的行動と子どもの教育環境」であります。ここでは,大人の規範的行動を推測する代表的な指標として,全国一出現率の高い飲酒運転や無免許運転,および全国一低い国民年金納付率を取り上げ,そこから大人の遵法精神の希薄性を訴えています。このような沖縄の大人社会は,子どもの教育環境としては好ましく

ないと指摘し，さらに，このような大人の規範的行動を好ましい方向に改善できるであろう方策についてコメントしています。

　第4のサブテーマは，「高齢者の社会活動推進に向けて―大阪府における高齢者ボランティア実態調査から見えてきたこと―」であります。話題提供者は，大阪府シルバーアドバイザー養成講座卒業生と，関連する社会福祉施設等を対象とした調査結果に基づき，高齢社会，超高齢社会は楕円モデルで考えるべきだと述べています。そして，ポストモダンな社会においては，高齢者が財を得るだけのプロダクティビティではなく，サービスとして社会に貢献するボランティア活動を行うという両側面を含めた，プロダクティブ・エイジングを提唱しています。

　以上の各サブテーマに関する話題提供の後に，指定討論者のコメントや質疑，フロアからの質問にこたえる形で，ディスカッションが展開されました。

　第Ⅱ部は，特別寄稿で構成されています。大坊郁夫教授と東江平之名誉教授に「心理学の未来への提言」に関して，執筆していただきました。最初は，大坊教授による「Wellbeing をめざす社会心理学の実践」についての寄稿であります。大坊教授は，日本の近年の典型的な事件を列挙し，そこから「無社会」意識を持つ者の存在について考察しています。また第二次世界大戦後，現代までの過程において価値観，社会意識や行動，対人関係様式等が変化したことを具体例をあげてコメントしています。そのような観点に立脚して，社会心理学を含めた心理科学の問題把握と探究のシステムの点検が必要であると述べています。そして，基本的には現代の社会心理学のめざすものは「Wellbeing」であると標榜されています。また，大坊教授は現在の大学における心理学教育への視点についても提言しています。

次に，東江名誉教授による「心理学に期待する」を掲載しています。東江名誉教授は，アメリカで受けた8年間の高等教育の経験をふまえて，日本の心理学ワールドへ提言しています。第1点として，日本における心理学の研究が追試型・システム中心の研究から，発信型・個性中心の研究に軸足を移すことを期待しています。第2点として，大学院における心理学教育の仕組みと中身に関する提言であります。

　両教授の提言は，日本における心理学の教育・研究に関して，その理念形成や方向づけにインパクトを与えるものと確信します。また，現在，心理学の教育や研究に携わっている方々や，今後，心理学を志す学徒に対しても示唆に富む内容であると推奨できます。

　最後になりましたが，本書の出版に関してご理解くださり，その上，特別に玉稿をお寄せくださった日本社会心理学会会長の大坊郁夫教授に厚く御礼を申し上げます。また，本公開シンポジウムの琉球大学での開催決定に御高配くださった本学会前会長の高木修教授には御挨拶もいただき，改めて重々御礼申し上げる次第です。そして，それぞれの役割を快く引き受けてくださった話題提供者，指定討論者，司会者の皆様にも，厚く御礼申し上げます。また，東江平之名誉教授には出版にあたり特別に華を添えてくださり，衷心より感謝いたします。加えて，本書の出版に際して御教示，御尽力くださった西村泰一氏と北大路書房の奥野浩之氏，天岡敏子氏には改めて深く感謝の意を表します。

2006年8月

中村　完

日本社会心理学会第49回公開シンポジウム当日のプログラム

総合司会：高良美樹（琉球大学助教授）

1. 日本社会心理学会会長挨拶　　　　　大坊郁夫（大阪大学大学院教授）
2. 日本社会心理学会・前会長挨拶　　　高木　修（関西大学教授）
3. 公開シンポジウムテーマ（「住みよい環境のあり方を探る―社会心理学的アプローチ―」）設定の趣旨説明　　　中村　完（琉球大学教授）

【司会者】國吉和子（沖縄大学教授）
【各テーマと話題提供者】
1) 快適な日々の生活の追求と素晴らしい自然環境の保全
―いかにして"超"楽天主義を克服するか―
桜井国俊（沖縄大学学長）

2) 基地と生活環境
大城宜武（沖縄キリスト教学院大学教授）

3) 大人の社会規範的行動と子どもの教育環境
中村　完（琉球大学教授）

4) 高齢者の社会活動推進に向けて
―大阪府における高齢者ボランティア実態調査からみえてきたこと―
藤田綾子（大阪大学大学院教授）

【指定討論者】　岩田　紀（大阪樟蔭女子大学教授）
金城　亮（名桜大学助教授）
指定討論者及びフロアとの質疑応答

目次

はじめに　i

第Ⅰ部❖住みよい環境のあり方を探る
―社会心理学的アプローチ―……………1

不透明な社会に生きるわれわれ―会長挨拶―　3
沖縄の社会心理学ワールド―前会長挨拶―　5
公開シンポジウムテーマ設定の趣旨説明　7
司会者の挨拶　10

❀快適な日々の生活の追求と素晴らしい自然環境の保全
　―いかにして"超"楽天主義を克服するか―　11
　　沖縄の特色／自然環境の変化／"超"クルマ社会／沖縄の現状／新しいライフスタイルの提案

❀基地と生活環境　24
　　沖縄の基地の歴史／基地の実態と沖縄県民の意識

❀大人の社会規範的行動と子どもの教育環境　39
　　環境条件の重要性／子どもの社会化に影響を及ぼす諸エイジェント／沖縄の大人の社会規範的行動について／大人社会の問題点／問題の改善に向けて

❄ 高齢者の社会活動推進に向けて
　―大阪府における高齢者ボランティア実態調査からみえてきたこと―　56
　　高齢化率と社会の変化／私たちを取り巻く3つの環境／退職にともなう人間関係の変化／高齢者ボランティアの意識調査／高齢者ボランティアの実態／正円モデルから楕円モデルへ

❄ ディスカッション―指定討論者及びフロアとの質疑応答―　75

第Ⅱ部 ❖ 心理学の未来への提言―特別寄稿―……… 93

❄ Wellbeingをめざす社会心理学の実践　95
　1. 社会的な生活を読み解くために
　　　―平均志向から階層分化への変化―　95
　　社会を意識する／上昇指向と現状維持の意識／社会性の回復をめざす
　2. 現代の社会心理学のめざすものは wellbeing　102
　3. 大学教育への視点　109

❄ 心理学に期待する　114
　1. はじめに　114
　2. 私の原点としての1950年代の心理学　114
　3. 日本の心理学に期待するもの　119
　4. むすび　121

あとがき　123

第Ⅰ部

住みよい環境のあり方を探る

―社会心理学的アプローチ―

不透明な社会に生きるわれわれ―会長挨拶―

大坊郁夫（大阪大学大学院教授）

　本日のテーマは，われわれ地球に住み，自然・人との関係において不断の営みを行っている者にとりまして，常に，問題になる／問題にすべき重要なものであります。

　本日のテーマには，多様なアプローチが可能と思われますが，「自然環境の保全」「基地と生活環境」「子どもの教育環境」「高齢者の社会参加」の４つの視点は，ここ沖縄に根ざしたリアリティを十分にふまえたものであり，かつ，日本全域にかかわる，テクノロジーと自然・人的環境の現代的な問題をカバーしようとするものであります。

　「住みよい環境」といいますと，往々にして，アメニティや自然・資源つまりモノの問題に目が行きやすいものであります。しかし，それは大事なことではありますが，すべてではありません。

　例えば，あの「京都議定書」では，ご承知のように，「温室効果ガス排出量の削減」を謳っております（2005年2月に発効いたしました）。現状の生活を維持するために資源を消費することから脱却できない先進国の一部では，この努力を後進国に預けてしまおうとしています。

　実はこのエネルギー問題は，排ガス規制のみの問題ではなく，そこには，社会的・心理的な生活全体にかかわる重要な問題が含まれているのです。つまり，われわれが価値をおいてきたものは何なのか，生活の仕方として何を優先してきたのか，そして，なぜ将来が見えにくいのかを今こそ考えるべき時であることを遅まきながら伝えているのです。人が人工的に作り出すこと・モノと自然との関係の回復，別の表現をするな

らば，失ったものを回復し，われわれや子孫が不足なく生きていける新たな環境を創成しなければならないのです。

例えば，最近では，街中で子どもが集団で遊んでいる光景はほとんどなくなっています。学習環境や家庭のメンバー構成の変化などとも相まっての変化です。このことは，生活リズムの変化（社会の夜型化やコミュニティ活動の減少），家における役割（生きがい）の変化（希薄化）などと関連してきます。人は多様なネットワークにおける具体的な相互作用において経験する協調と競争によって，社会性を獲得していくものなのですが，それができていない。

また，急速なグローバリゼーションは，社会における個性の減退，取り替えのきく個人を生み出しています。

沖縄の基地の問題は，日本における資源や環境の捉え方に一種の南北問題—社会的不公平さ—を生み出しています。しかも，この地域的な格差は，国民意識の多極化をも生み出すことにもなっております。

本日のシンポジウムにおいて，このような不透明な社会に生きるわれわれの将来を，沖縄，自然と人間の共生，人的・社会的資源の活用という観点から，ここ沖縄で議論されることは大きな意義を持つものであります。

本学会として，このような機会を持てましたことを光栄に存じます。改めて，お集まりの皆様に御礼申し上げます。

沖縄の社会心理学ワールド―前会長挨拶―

高木　修（関西大学教授）

　私は，21期，22期の会長を務めました。その間，中村先生をはじめ沖縄の社会心理学会のメンバーと顔を合わす機会が何度かありました。そして，そのたびに私は先生方に，「お願いできますか。お願いできますか」とシンポジウムの開催を執拗に迫りました。沖縄のメンバーはきっと根負けされたのでしょう，「やりましょう。しかし，十分に準備をしたうえで内容の濃いものをやりたいので，2005年に開催します」とお返事をくださいました。

　ところで，このシンポジウム開催の依頼は，琉球大学と私の長年にわたる親密な関係だけに由来するものではありません。多少個人的なことになりますので恐縮ですが，前のスライドに映し出されていますのは，日本社会心理学会の会報95号です。これは1983年に沖縄で初めて社会心理学会の公開シンポジウムが開かれた時のことが掲載されています。この企画はすごいものでした。2日間，9時半から3時まで開催されました。しかも日曜日には島内観光まで計画されていました。しかも無料でした。私は40歳そこそこで，初めて理事になって，その関係もあって参加しました。当時の会報編集担当常任理事は，私の恩師である木下冨雄先生でした。その木下先生が，「高木君，来ているのなら，印象記を書いてくれ」ということで，会報96号に沖縄シンポジウムの印象記を書きました。その内容は，一言で言えば大きなショックを受けたというものでした。それは，これほどのエネルギーとこれほどの熱心さで，社会のいろいろな問題に取り組もうとしている，1つの研究グルー

プ，研究エリアがあるということに非常に感動したからです。私は，これ以来，沖縄の社会心理学ワールドに対して非常に強い関心と思い入れを持っております。

　今年（2005年）は，戦後60年，返還後33年ということですが，この83年のシンポジウムからすでに23年が経っています。その後，沖縄の社会心理学ワールドがどのように研究を積み重ねて発展しているのか，それをぜひ聞きたい，ぜひ確かめたい。それだけでなくて，沖縄では地域の社会問題を積極的に取り上げて研究を行っているということを全国の社会心理学者，あるいは心理学者に伝えたいと願って，シンポジウムの開催をお願いしたのです。

　先ほど第49回の公開シンポジウムの内容を，大坊会長が詳しく説明されました。まさしく私が期待していたとおりのものです。会場のみなさん方は，このシンポジウムに参加されて，刺激を受けて，私と同様に，10年先，20年先の沖縄社会心理学ワールドの発展を確認していただきたいと思います。

　簡単でございますが，多少個人的な関係も含めてご挨拶を申し上げました。シンポジウムを企画し実行するのは大変なことであります。今回この企画を実行される委員会の皆様に，また，話題を提供していただく先生方に深く感謝申し上げます。どうもありがとうございました。

公開シンポジウムテーマ設定の趣旨説明

中村　完（琉球大学教授）

　先ほど大坊先生からもお話がありましたが，私のほうからも本シンポジウムのテーマ設定について若干趣旨を説明し，そして本日のシンポジウムにおいて活発な議論が展開されることを期待したいと思っています。

　テーマ設定の視点ですが，社会心理学会から沖縄地域へのサービス，それから地域や社会で関心が持たれるものであること，あるいは学会員に関心が持たれるものであること，そういうことを多角的に考えると，時期的観点からも人と環境との関係の問題が浮かび上がってまいりました。そういうことで，主テーマとして「住みよい環境のあり方を探る―社会心理学的アプローチ―」というふうに設定しました。そのテーマをもとに，4つのサブテーマを設定いたしました。

本シンポジウムのテーマ設定の視点

社会心理学会から沖縄地域へのサービス
地域や社会で関心が持たれること
学会員に関心が持たれること

⬇

人間と環境の関係について

⬇

主テーマ：住みよい環境のあり方を探る
　　　―社会心理学的アプローチ―

⬇

4つのサブテーマ設定

現在沖縄の抱えている課題といいますか，あるいはその課題を解決すると住みよい環境に近づくのではないかということを考えてみますと，そのひとつに自然環境の問題があります。今いろいろなところで，例えば北部や中部において，海上基地建設に向けての海底調査や海面埋め立てに向けての調査や工事がすすめられています。基地建設や開発と自然環境の保全をどのように考えるのかという問題があります。また沖縄は車社会として特徴づけられます。そこから排気ガスによる大気汚染や温暖化の問題が懸念されます。そういった自然環境保全の問題があるだろうと思います。それから，私たちは基地と隣り合わせで生活しています。基地の存在は沖縄にどのようにかかわっているのか，といった基地と生活環境の問題があります。恐怖や不安のなかでの生活について，心理学的に改善する方向での解決策があるのかどうか。次に，いま子どもの教育にとって沖縄の社会環境はどうなんだろうかということ，あるいはまた未来の子どもたちのために，いまわれわれ大人がどういう社会を作ればいいのか，ということを考えてみたいと思います。それから沖縄は長寿県です。では，高齢者の方々が活躍できる社会環境というのはどうすれば実現できるのか。こういった4つの課題に関して各サブテーマを設定することにしたわけです。これら4つの課題を2つにカテゴリー化すると，環境問題と少子高齢化の問題に結びつくと思います。なお，ここでの少子化問題とは，少子化傾向にあるがゆえに，子どもの健全育成をめざし，彼らが向社会的行動を身につけるにはどう対応したほうがよいか，という意味であります。こういった2つの問題は何も沖縄に限られたことではなくて，全国的な課題ではないかと考えております。本日のシンポジウムの成果が，他県の抱えている類似の課題の解決に向けて，何らかの示唆を与えることができれば望外の幸いに思います。

　環境問題も，また少子高齢化の問題も，これは人の，人間の問題であ

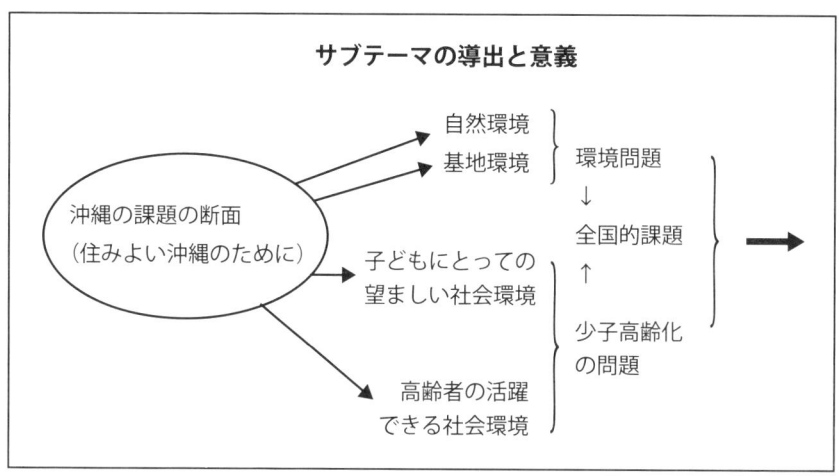

ります。環境を破壊するのか保全するのか，これも人の問題であります。ですから解決のためには，人がどう考え実行するのか，あるいは解決のための工夫はどうすればいいのか，そういった考えや方法に関して学際的なアプローチ，多方面からのアプローチができればと思っています。本日は自然科学と社会心理学の立場から，話題と解決策を提案いたします。それに関する指定討論者と会場のみなさんからの質疑やコメントも含めて，総合的に議論できればと期待しています。このような総合的な

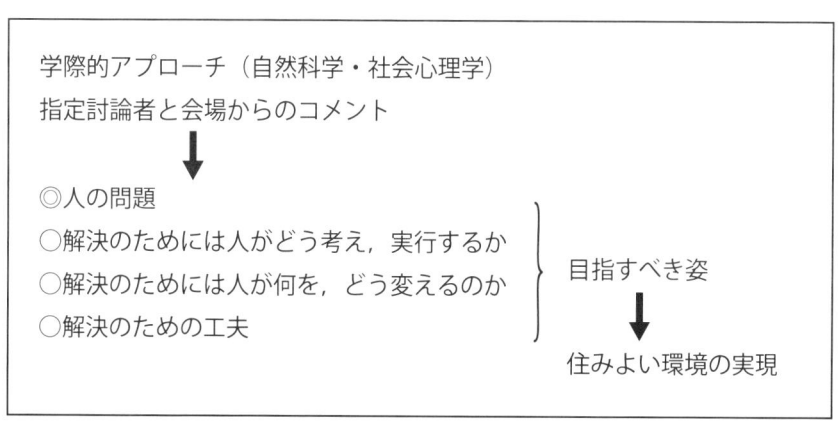

議論によって，目指すべき姿である住みよい環境の実現に向けて光明を見いだしたいと思っています。そして，本日の成果が沖縄県や市町村の行政施策に何らかのヒントを与え得るよう期待しています。

ところで今月は全国的に環境月間ということになっております。こういった期間に環境問題について議論できるということは意義深いことだと考えます。どうか皆様，活発な議論ができますようにお願いして，私の挨拶といたします。どうもありがとうございました。

司会者の挨拶

國吉和子（沖縄大学教授）

これから，約3時間にわたるシンポジウムを始めたいと思います。私は，今日の司会・進行を務めます，沖縄大学の國吉です。よろしくお願いします。今日のシンポジウムのテーマは，「住みよい環境のあり方を探る―社会心理学的アプローチ―」です。

ここで，4人の話題提供者の先生とそれぞれのテーマ，及び指定討論者の2人の先生を紹介します。＜省略＞

話題提供及び指定討論それぞれの発言に引き続いて，フロアの皆様からの質問をいただきます。それらに対して，話題提供をされたそれぞれの先生に，コメントをいただくことにしたいと思います。活発な質疑応答によって，このシンポジウムの内容がより充実しますように期待したいと思いますので，ご協力のほどよろしくお願いいたします。

快適な日々の生活の追求と素晴らしい自然環境の保全
―いかにして"超"楽天主義を克服するか―

桜井国俊（沖縄大学学長）

　私は今日は自然環境ということでテーマをいただいておりますが，沖縄の素晴らしい自然環境が今どういうことになっているのか，という視点から問題提起をさせていただこうと思っています。われわれの快適な日々の追求，当然のことながらわれわれは快適な生活をしたいということで，そのための行動をさまざまな方法で展開するわけですが，片方で沖縄の素晴らしい自然環境を保全して後の世代に伝えたいと思うわけです。この両者が矛盾なく実現できる場合には，われわれは大変ハッピーなんですけれども，必ずしもそうはいかない，そういう状況に今なってきているんだろうと思います。サブタイトルで"超"楽天主義としましたけれども，それはおいおいご覧いただくことにしたいと思います。

❈沖縄の特色

　沖縄の特色としては，みなさんはよくご存知かと思いますが，亜熱帯の素晴らしい自然環境があります。東洋のガラパゴスと呼ばれていますように，非常に生物多様性が高い島なんですね。それがまた魅力にもなっています。青い空があり，青い海があって，白い砂浜がある。また長寿の島。本土とは違う，食文化，食材があって健康食の島でもある。こういったものはみな，沖縄の宝であって，そして沖縄の基幹産業でもある観光業の魅力の源泉になっている。これが今どういう状況にあるかということをまず見ていきましょう。

　われわれはこの沖縄の宝を食いつぶしつつあるのではないでしょう

沖縄の特色

- 亜熱帯の素晴らしい自然環境
- "東洋のガラパゴス"とまで呼ばれる生物多様性の島
- 青い空，青い海，白い砂浜
- 長寿の島，健康食材の島
- これらは沖縄の宝であり，基幹産業の観光業の魅力の源泉

か。持続可能な開発ということがよく言われますけれども，持続可能な開発というのは，われわれ今生きている世代が好き勝手に生きて，後の世代の生きていく可能性を狭めていく，そういうことをしない開発のことですね。そういう持続可能な開発になっているのかどうか，どうもそうではないんじゃないか，今生きているわれわれの世代で食いつぶしてしまうのではないか，ということです。この沖縄の宝を次の世代に引き継ぐことができるのかどうかが問われていると思います。

❄自然環境の変化

まず，沖縄に特徴的にいえるのは，われわれは自然海岸を急速に喪失しつつあるということです。口絵①は糸満の工業団地で，1986年の撮影でございますが，沖縄は全国一の埋め立て県でございます。

すさまじいスピードでわれわれは自然環境を変えております。埋め立てによる県土拡張が全国で最も急激に進んでいる県が沖縄県です。例えば，2000年度の場合は，全国の埋め立て面積の4分の1が沖縄県にあります。これは全国ダントツでトップでございます。また復帰して33年になりますが，復帰後の埋め立て面積は与那国島の面積を超えます。このような形で，われわれは急速に自然のままの海岸線，あるいは湿地

を失いつつあります。しかもこういう形で埋め立てたものが利用されているかどうかといえば，これはみなさんよくご存知かと思いますが，利用されていません。埋め立ては埋め立てのために行われている，といったほうが正確だと思います。公共事業としての埋め立てですから，その上に何を作るか，一応計画がなければ埋め立てられませんので，計画はありますけれども，その計画はほとんど実行不可能な，絵に描いた餅になっているというわけです。

またわれわれの貴重な自然について見ますと，私のお話しするテーマは自然環境ですが，この沖縄島の北部には亜熱帯のやんばるのイタジイを主体とした森があります。この森にどういうことが起きているのか。口絵②，③，④は大国林道建設のようすですが，このような形でみな伐採されています。こういうところに林道が作られているのです。この林道も林業のためのものかどうかということにはおおいに疑問があります。林業らしい林業はやられていないわけですから，この林道はやはり公共事業として行われているのです。事業自体，林道を作ること自体が目的です。この林道がどういう形で使われているかというと，大変皮肉なことに，ペットを捨てるための道となっています。

ペットは最初はかわいいものですけれども，大きくなるともうかわいくない，ということで猫が捨てられます。猫捨て街道になっているわけです。捨てられた猫は生きなければなりませんから，大変捕まえやすい飛ばない鳥，ヤンバルクイナを餌にしております（図I-1，口絵⑤参照）。あるいは，その林道を通る車の輪禍の問題もあります。交通事故でヤンバルクイナが死んでいくのです。ヤンバルクイナは1981年に発見されておりますので，今年で24年です。24年ですけれどももう絶滅の危機に瀕しております。現在の生息個体数はおよそ1000羽と推定されておりますけれども，数年で，このままでいくとせいぜい5年くらいで絶滅

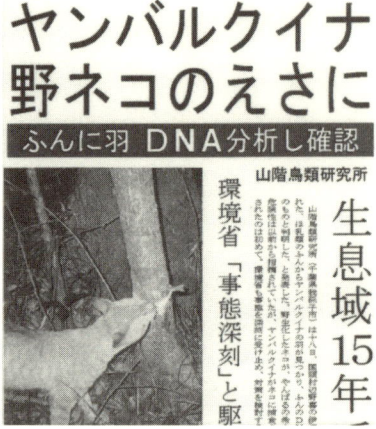

図 I-1 ヤンバルクイナの被害を伝える新聞（沖縄タイムス，2001.12.19）

するのではないかといわれています。もちろんこれ以外にもマングースなどの，彼らが危機に瀕している原因はございます。

　こういう開発を行うと，沖縄では雨が降れば赤土が流れます。沖縄全島で赤土が流れ出す状況があるわけですね。公共工事からも流れ出しますし，農地では土地改良することで流れ出します。そこで生まれる公共事業が自己目的化しているところがあります。そして，台風が来れば全島から赤土が流出するわけですが，この赤土はサンゴに対して大きな被害を与えるわけです。また農業からみましても，土壌が失われるというのは，農業にとっては大変大きな問題です。こういう形で，台風が来るたびに沖縄では赤土流出の問題が起きます（図 I-2，口絵⑥参照）。

　この流出した赤土は沖縄の周辺のサンゴに積もります。口絵⑦は石垣の白保でございますが，このストレスでハマサンゴが白化しております。サンゴの白化というのは地球温暖化，海水温の上昇で起きますが，それ以外にも，こういう形で赤土が積もることによって窒息する，そのストレスで白くなって死んでいくという白化現象が起きております。沖縄の

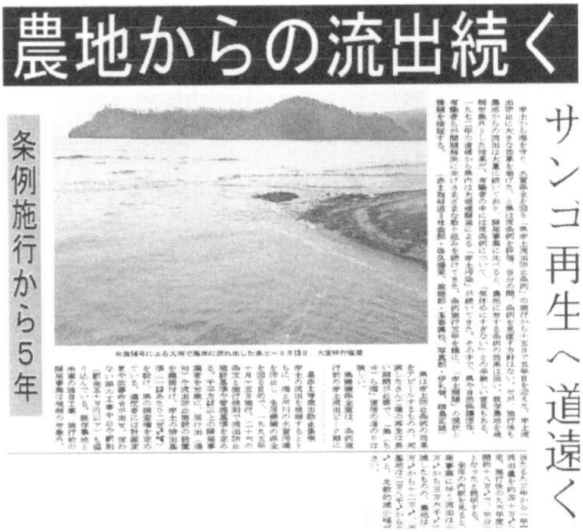
農地からの流出続く

サンゴ再生へ道遠く

条例施行から5年

図 I-2　台風 14 号で流出する赤土（沖縄本島北部大宜味村）（沖縄タイムス，2000.9.13）

観光はいわゆるブルーツーリズムが非常に多いわけですが，素晴らしい海，サンゴの海でダイビングをする若い人たちの場合にはブルーツーリズムが大変人気があります。その魅力の源泉であるサンゴが痛めつけられている，という状況でございます。

❋“超”クルマ社会

それから，便利な生活を求めるということで，沖縄では鉄軌道がないこともあり，超クルマ社会が生まれております。口絵⑧は今年（2005 年）の 5 月安里交差点で私が撮った写真ですが，アメリカの支配が長かったためにアメリカ流のライフスタイルが沖縄でながらく続いたこともありまして，いわゆるクルマ社会になっています。従来 3 人で乗っていた車を今は 2 人で乗る，2 人で乗っていた車を 1 人で乗るということになっておりまして，これが非常に大きな問題を生んでおります。

1997 年 12 月の京都会議のいわゆる京都議定書で，日本は 2010 年の温室効果ガス排出量を 1990 年に比べて 6％減らすことを世界に約束し

ていますが，今までのパフォーマンスを見ますと，1990年から2000年の10年間には，日本は減るのではなくて，8％増えてしまいました。その間沖縄ではなんと31％温室効果ガスの排出が増えております。これは沖縄に住んでおられるみなさん，なにかのところでご覧になったと思います。私はこれの計算をする，地域温暖化防止対策委員会の委員長をしておりました。その31％の中身を見ますと，温室効果ガスを一番出しているのは沖縄では自家用車です。沖縄にはいわゆる製造業らしい製造業，大きなエネルギーを消費する製造業はありません。ということで，沖縄で一番温室効果ガスを出しているのはわれわれ一般市民でございます。このようなことで，沖縄では，この便利な車をますます使おうという，われわれのライフスタイルが問われております。

　沖縄の魅力は先ほども申し上げましたけれども，この青い空，青い海，そして白い砂浜でございます。この透明な沖縄の海を次世代に渡せるのかということが問われているわけです。今の予測どおりであれば，1990年比で2100年の海面上昇は最大で88cmと推定されていますけれども，88cm上昇した場合には，これは海岸工学の専門家からすれば自明のことですけれども，沖縄の砂浜は100％消失します（口絵⑨参照）。これが50cmでも100％沖縄の砂浜は消失すると推定されております。この白い砂浜が消えた沖縄というのは，はたしてブルーツーリズムで訪れる若者にとって，魅力があるんだろうか。これははっきり言ってないと思います。私事で恐縮ですけれども，私の娘はよく沖縄にダイビングに来ますが，もう沖縄本島では潜りません。沖縄本島周辺はサンゴが全部ダメになってしまっている，ということですぐ離島に行きます。彼らからすると，白い砂浜がない沖縄というのはもう魅力がないわけです。これは，確実に言えます。そうなった時に沖縄はいったいどうやって生きていくのか。ということで，今現在生きているわれわれは次の世代にこの

透明な沖縄の海を渡すことができるのかどうなのか，ということを問われていると思います。

　ここにおられるみなさん，琉球大学の学生さんも多いと思いますけれども，車を使っておられると思うんです。車を使うと確かに便利です。でもそれは明らかに未来世代を殺しているんです。武器を何も持っていないではないかと思われるかもしれませんが，われわれは確実に次世代の生きる可能性を奪っています。この世代間の倫理の問題にわれわれはとても鈍感だと思うんです。今目の前にいる他人に対してはわれわれは倫理的にふるまおうとします。しかしまだ見えない，生まれてない次の世代に対してはわれわれを縛る倫理はあまりないんです。ここではそのことが問われています。次世代に美しい沖縄の自然を渡したいということで，私の今働いている沖縄大学では，街中の大学であるということもあって脱クルマ宣言というのをしました。教員・職員は大学の駐車場を使ってはならないということにいたしました。大学は学生の場所である。だから学生優先という形で教職員はできるだけ公共交通機関を使おう。学生に関しましても，構内の駐車場は有料化してできるだけ公共交通機関あるいは自転車にシフトしてもらう。そういうことをやっております。有料駐車場を元に戻せということで，私は学生からのものすごい非難にさらされておりますけれども，未来のことを考えたならば，車をいつまでも使っていていいんだろうか，という問題提起はせざるを得ないということで，論争をしていこうと思っております。沖縄ではこういう論争は避けられないのではないかと思います。

✻沖縄の現状

　さて沖縄の現状をまとめますと，次のようになろうかと思います。地元経済が安直に潤うことを優先している。埋め立て・土地改良・林道建

> **沖縄の現状をまとめれば・・・**
>
> ■地元経済が（安直に）潤うことを優先
> 　　　埋め立て・土地改良・林道建設等工事のための
> 　　　工事。多くの埋め立て地は利用されず遊休化
> ■生活の利便性の追求
> 　　　極端なクルマ社会
> 　　　温暖化ガス排出量の急増
> 　　　沖縄の未来への死の宣告

設など，多くの場合これらは工事のための工事です。例えば，埋め立て地は多くの場合利用されずに遊休地化している。その工事によって自然海岸はなくなっている。本島を回ってみるとわかるかと思いますが，ほとんど自然海岸は残っていません。また，生活の利便性の追求という形で，沖縄は極端なクルマ社会になっております。温室効果ガスの排出量は急増しております。これは先ほど申し上げましたように，未来世代に対しての死の宣告であります。

　この沖縄の，ある意味"超"楽天主義でございますが，「快適な日々の生活の追求」と「素晴らしい自然環境の保全」が両立しがたいところまできているわけです。ここでわれわれが取る行動は次のようなものでしょう。つまり，われわれの対応は概ね「なんくるないさー」ではないだろうか，ということですね。言い換えれば，現実を直視しないのです。今さえよければよいという感情ですね。これはじつは沖縄のよいところでもあると私は思うんです。あまり気にしないというライフスタイルですね。沖縄の楽天主義というのはよいと思うんですが，しかしそれに"超"がついてしまっているのではないか。この楽天主義が他のものと矛盾しない，そういう幸せな時期というのはもう過ぎてしまったのではないだ

> **沖縄の"超"楽天主義**
> ■「快適な日々の生活の追求」と「素晴らしい自然環境の保全」が両立しがたいところにまでなっている。
> ■にもかかわらず，われわれの対応は，概ね「なんくるないさー」である。言い換えれば・・・・
> 　　現実を直視しない。
> 　　今さえよければよい。
> ■この社会心理をどうみるのか？　どうすればよいのか？

ろうか。少なくともこの"超"は取っていかないといけない，ということではないかと思います。この"超"楽天主義という社会心理をどう見るのか，どうすればよいのかということが，私が今日のシンポジウムで提起したいテーマでございます。

　自然のままに任せていれば何とかなった豊かな亜熱帯環境下では，自然のなりゆきに任せるというのがわれわれの生き方でした。台風が来ても台風に抵抗はできません。沖縄は台風銀座です。台風が来たら台風が通り過ぎるのを待つ。通り過ぎるのを待てば亜熱帯の沖縄では餓える心配がないということで，自然のままに任せていれば何とかなった，つまり，「なんくるないさー」ということですね。このライフスタイルは容易には変えられません。沖縄ではこういう伝統があります。生活文化があります。こういうところでは「車は使うべきではない」という「べき論」では人は動きません。私は問題提起はしていますけれども，そういう問題提起で「車はやめて歩くべきだ」という「べき論」では人は動かない，我慢しろではダメなんだと思うわけです。そうではなくて，別のアプローチが必要ではないか，私はそう考えます。

> **この社会心理をどうみるのか？**
> ■自然のままに任せていれば何とかなった豊かな亜熱帯環境下では，この社会心理は当然である。容易には変えられない。
> ■「かくあるべき」という「べき論」では人は動かない。「我慢しろ」ではダメ。

❋新しいライフスタイルの提案

では，どうすればよいのか。満足感，自分はやり遂げたという達成感，この満足感，達成感を得る方法を変えていく必要があるのではないかと思います。とても素敵な大きな車。これを買って満足感に浸るというのではなくて，違うスタイルの気持ちよさ，うれしいこと，誇らしいこと，環境に負荷をかけない気持ちいいライフスタイルを作り出していく，それが必要ではないかと考えています。モノやエネルギーなど多量の資源消費で満足感を得る社会から，環境に大きな負荷をかけない別の形でより大きな満足を得られる社会，これを作っていく必要があるんだと思い

> **どうすればよいのか？**
> ■満足感，達成感を得る方法を変えていくこと。新しいスタイル（＝環境に大きな負荷をかけない）で"気持ちよいこと，うれしいこと，誇らしいこと"を実現していくこと。
> ■モノやエネルギーなど多量の資源消費で満足感を得る社会から別の形（＝環境に大きな負荷をかけない）でより大きな満足感を得られる社会へ。

ます。もう1月以上たちますが，4月25日がどういう日かみなさん覚えておられるでしょうか。JR福知山線で107人の方が亡くなられました。あれは，1分半の遅れを取り戻そうとして起きた事故であります。時間に関してきわめて厳しいのが本土の，ヤマトのライフスタイルなのではないかと思います。それに比べますと，沖縄には幸か不幸か鉄道がありません。鉄道がないというだけではなくて，やはりここのなかではそんなに規則正しく動くのではなくて，ゆっくり時間が流れていく。ウチナータイムという言葉があります。ウチナータイムと呼ぶ時は必ずしもプラス評価ではないようですが，私はプラス評価をしてよいのではないかと思います。ゆったりと流れる時間，これはじつは豊かなライフスタイルなんです。そのことの豊かさを再評価してはどうでしょうか。1分半の遅れを取り返そうとして，107人の方が亡くなられる。そういうような，まさに時間の奴隷となっているライフスタイルというのはけっして豊かなライフスタイルではない。スローな生活こそがかっこいいんだ，という発想です。ここでいう新しいスタイルというのはそういう意味です。沖縄流のウチナータイムと呼んでしまうといい意味ではありませんけど，今流にスローライフというとかっこいいように聞こえてくるわけですよね。スローライフは素敵なことなんだ，豊かなことなんだという新しい価値観を打ち出していくことが必要なのではないかと思います。

　例えば，こういうことで自己実現はできないでしょうか。足元の街づくりへの参加で自己実現をする。緑の街づくりで歩きたくなるような街を創造する。この琉大のキャンパスを歩きますと，ペリーが来たときに贈られた鐘などのレプリカがあります。ペリーは今からおよそ150年前に琉球を訪れております。そのときに彼は「緑滴る琉球」と言っております。琉球は緑滴っていたんです。今はコンクリートの塊です。歩きたくなる街ではありません。昔は本当に歩きたくなる，緑滴る街だったわ

> 例えば・・・
> ■足元の街づくりへの参加で自己実現。
> ■緑の街づくりで歩きたくなるような街を創造。
> ■地産地消で地域内連関を強化し(エコ観光→健康食品→地元有機農業),環境に大きな負荷をかけない新しい仕事を創出。それにかかわることから生まれる誇り。

けです。この緑滴る街をつくっていく。それを自分たちでつくるというのは,これはエネルギーも物質も消費しません。こういう活動をとおして自己実現するのです。また地産地消で地域内産業連関を強化するということもできます。これはどういうことかといいますと,沖縄の基幹産業は観光ですけれども,おいしい所はほとんど全部本土に行ってしまいます。本土系列のホテルの資本が入ります。そこでは本土から調達した食材が調理されます。本土で食べるのと何も変わらない料理です。しかし沖縄には沖縄ならではの食文化があります。沖縄の地元でとれた野菜を使った料理を,これが沖縄の長寿を支えているという情報を添えて提供していく。それを地元の有機農業,食品加工業につなげて,そしてそれをエコツーリズムにつなげていく。そういう産業連関をつくることによって,環境へのストレスをより少なくし,かつ地元に雇用を生み出す。今は観光客が500万人来ていますが,沖縄県はそれを1000万人にしようとしています。そういう量を追求しようとする形では環境はダメになる。おいしい所は全部本土に行く。そうではなく,環境に大きな負荷をかけない新しい仕事を創出して,それにかかわることから誇りが生まれ,若い人たちがそういう形で仕事をつくっていく。これが環境にストレス

> **Blessing in Disguise**
> **形を変えた天の恵み**
> ■三位一体改革による沖縄への補助金の削減は，軌道修正，スタイル変更の絶好の機会。
> ■おまかせ民主主義やたかり根性に決別し，自らの手で地域社会をつくっていく参画型民主主義を実践しよう。

をかけない新しいスタイルの誇りある生活になっていくのではないかと思います。

　私は今の状況は Blessing in Disguise だと思っています。災いのよう，災難のように見えますよね。今，三位一体改革によってどこの自治体も厳しいわけですが，とりわけ沖縄は今まで基地を容認する見返りとして高率補助を受けていました。この高率補助がなくなるということは，財政的にはきわめて厳しいです。しかしそれは，形を変えた天の恵みではないのだろうか。中央に依存した，補助金に依存したわれわれのライフスタイルを変更する絶好の機会ではないだろうか。今までのおまかせ民主主義，あるいはたかり根性と決別して，自らの手で地域社会をつくっていく参画型民主主義が実践できる絶好の機会が到来したと考えるべきではないだろうか。そう考えれば，やれることはいろいろあるし，自己実現できるチャンスはいっぱいあるのではないか。ということで，新しいライフスタイルに変えていくことを通じて沖縄の自然環境を守っていきたいというふうに考えています。

基地と生活環境

大城冝武（沖縄キリスト教学院大学教授）

「基地と生活環境」ということでお話しいたします。

口絵⑩をご覧ください。私はこの木を希望の木と呼ぼうと思っています。詳しい説明は後ほどいたします。

❊沖縄の基地の歴史

沖縄の軍事基地はどのようにして始まったのか。もともと沖縄というのは，あのベイジル・ホールから「武器のない島」というような評価を受けておりました。ベイジル・ホールは，ナポレオンが流刑されていた島でインタビューすることに成功します。その時にナポレオンが，「なに，武器が少しもないって。武器がなくていったいどうして戦うのか？」ということを言ったといいます。そして，「そんなことはありえない」，つまり武力でもって相手を屈服させるというシステムのなかでは，武器がないというのはちょっと考えられないわけです。ところで，武器がないというそもそもの原因は，1609年に薩摩に侵攻されたことにあります。琉球国は武器を持って戦い，そして武器を持って敗れます。その結果として琉球国は武装解除をされるわけです。つまり一種の刀狩りがされて，その武器はすべて浦添の龍福寺に秘匿されていたわけです。それで琉球の人たちは武器というのを持たないで，表向きは武器がないように見えたというわけです。

1872年，この年は琉球国を廃して琉球藩を置くという，私は「廃国置藩」と呼んでおりますが，いわゆる琉球処分の前哨戦になります。そ

してその3年後の1875年，この時に日本軍，つまり明治政府の軍隊が熊本鎮台沖縄分遣隊を配備し，そこから沖縄における日本軍の基地建設が始まります。そして，1945年の地上戦の末，沖縄を占領した米軍は土地を接収し，基地建設を推進します。さらに1952年，サンフランシスコ講和条約が発効しまして，その第3条によって，沖縄は米軍政下に置かれることになります。それを梃子にしまして，基地がどんどん拡大されて，1955年から56年にはいわゆる普天間地域ではすぐれた農地がつぶされてどんどん基地に変えられていく，そのような時期でした。そしてこのサンフランシスコ講和条約は，いわゆる日米安全保障条約が締結された，同じ日にセットで締結されています。さらに，1972年，沖縄の日本復帰により，沖縄の米軍基地は「安保条約」のもと合法的な地位を得ることになります。それ以前は，戦勝国という立場でアメリカが一方的に沖縄に基地を作り上げていったんですが，今度は日本というちゃんとした交渉相手国がいて，その日本国の承認のもとに沖縄の基地がつくられていくというわけです。

※基地の実態と沖縄県民の意識

　さて，沖縄県民は基地をどのように見ているのかということで，調査が行なわれました。図Ⅰ-3は「米軍基地のために沖縄が国際紛争にまき込まれる」という設問に対して「思う」「思わない」「どちらともいえない」で回答した結果です。これは，1972年，復帰直前の調査，その10年後の調査，さらにその10年後の調査，そこからさらに10年後の調査ということで過去30年間の4度の調査の推移を示してあるものです。国際紛争にまき込まれる，つまり戦争にまき込まれると「思う」のが，どの年度でも50％を超えているということが見て取れます。そして「思わない」のはコンスタントに20％に近い値を示しています。「どちらとも

米軍基地のために沖縄が国際紛争にまき込まれる

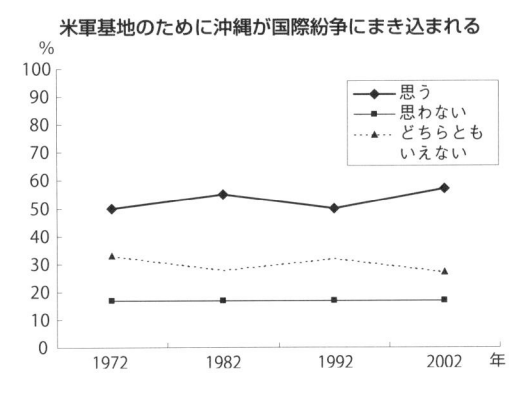

図 I-3　沖縄県民の意識調査 1

いえない」というのもコンスタントです。基本的には，基地があることによってかなりのストレスがある，少なくとも50％以上の人たちがストレスを感じているということがこれで読み取れると思います。

　同じようにして今度は，米軍が沖縄の基地を自由使用して，そこから外国の戦争に出撃していくのではないかと，そういう疑問に対しては，そう「思う」というのが復帰の年が40％ちょっと，そして10年後でいったん下がりますけれども，2002年にはほとんど60％近い形でそう「思う」人たちが増えている。じつはこの2002年というのは，2000年の9・11同時多発テロの時に沖縄県においても，コンディションDのイマージェンシーが発令されたりして，機動隊が沖縄に呼ばれて米軍基地を日本の機動隊が守るというようなことがあって，ほんとにもうあわや戦争が起こるんではないか，基地を目標にしてテロが起こるのではないかと思われました。そのような事件の後での調査なので，それがこのあたりの数字に反映されているのではないかと思います。このように2000年の事件をきっかけにし，「思う」人の割合がふえてきております。

　口絵⑪は説明するまでもないんですけれども，沖縄国際大学にヘリが

墜落した事件の写真です。この件は事故とも言われていますが，私は事件というふうに見たいと思います。この木のほうに着目してください。結局基地に隣接する沖縄県ではこういうことが起こるのはしょうがなかったということになるかもしれませんが，米軍ヘリが墜落，ビルに激突炎上した沖縄国際大学本館の状況を写しております。ビルだけでなく多くの樹木が延焼し，土壌の一部は米軍により持ち去られました。

　さて沖縄の基地はどういうふうになっているかというと，2004年の時点で施設数が37，面積で23,681.2ha，米軍専用23,312.4haです。また，軍人・軍属・家族が45,354人，その中で軍人22,339人，軍属1,503人，家族が21,512人でトータル約5万人が，沖縄が抱えている軍人・軍属の数になるわけです。沖縄の基地は言うまでもなく，地上だけではなくて，海にも空にもあります（図 I-4 の黒い部分が基地）。これは訓練空域・

図 I-4　沖縄の米軍基地（沖縄県ホームページより）

海域だけではなくて，結局漁業権が侵されているということです。航空圏の特に制空権ですが，とりわけ民間空港などでは，すべて管制は米軍が中心になっておりますので，日本が航空管制に自由に加わることもできないという状況です。

　さて，米軍用施設・兵力の現在を見ていきますと，沖縄の全面積のほぼ11％，本島面積の約19％に基地があるということになります。それでこのことをベースに考えますと，沖縄県民のリスクは，面積あたりでは本土のなんと497倍の危険を負っていることになります。497倍。これはぜひみなさんの心に刻んでいただきたいと思います。そして兵力（軍人数）当たりで見ると，本土の168倍という数字になります。通常私たちウチナーンチューは，国全体の0.5％の面積に75％の基地云々というんですが，じつは本土の約500倍のリスクを負っているということを，私たちはもう一回考え直す必要があるんじゃないかと思います。

　基地は心理学的に考えれば，「接近－回避」的葛藤，フラストレーション，あるいはコンフリクトのもとであるわけです。基地があります。そしてこの基地に対して経済的に利益を求めて接近していこうとします。それに対して，こういう事件・事故，危険，不安，犯罪，依存経済から

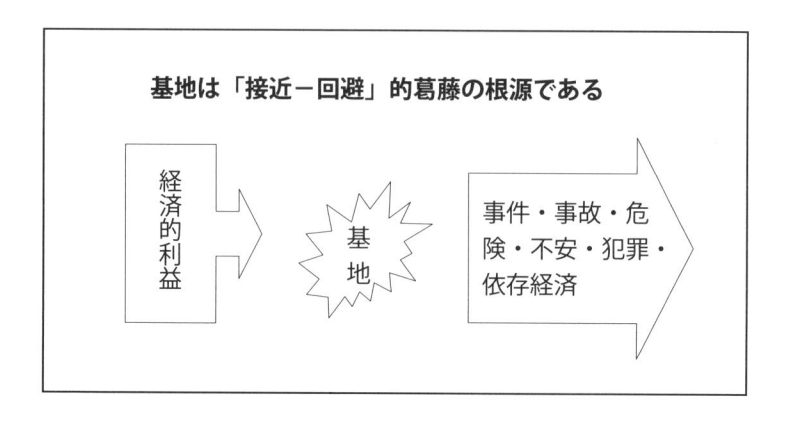

基地は「接近－回避」的葛藤の根源である

経済的利益 → 基地 → 事件・事故・危険・不安・犯罪・依存経済

脱却したい，というように回避の方向があるわけです。接近したい，回避したい。基地の重みはどんどん大きくなるばかりです。一方，経済的利益はどんどん小さくなっていきます。そして，この不安，依存経済，犯罪，事件・事故はどんどん増えていきます。この1週間を見ても，ヘリの不時着とか，水陸両用船が高架線を壊したり，なんと沈没したりしておりますが，本当に日常茶飯事に事件，事故が起こっております。

　結局沖縄の住民は「セリグマンの犬」的状態になっているんだと思います。といいますのも，基地は強大な環境であり，いかに反対運動，撤去運動をしようが，沖縄住民の意志とは関係なく，基地から離脱しようと思うこと自体が無意味であると考えること，それによって無力感が獲得される状態が想定されるからです。そしてそれは，例えば，「人間らしい生き方」が繰り返し脅かされ，その状況を改めることができない，つまり自分の行動の主人公が自分ではない，誰かが決める。自分の意志とは関係なく，誰かに私たちの存在が決められる。そんなことを絶えず，繰り返し繰り返し体験します。

　そのような状況のなかで基地と共存するということで，基本的には基地と沖縄は偽共生関係にあるといえます。そしてなぜ偽共生関係という考えが出てくるかといいますと，米国にとって基地から受ける恩恵は何かというと，いわゆる安全保障の確保であるし，自由主義，民主主義の擁護であるし，アジア・太平洋地域の軍事プレゼンスを可能にするということ，日本政府からの思いやり予算が毎年毎年1千億円くらい落ちることです。そして沖縄にとってはどうかといいますと，軍関係地料という形で収入があると思います。あるいは軍に雇用されるということ。あるいは軍人・軍属に対する各種のサービスなどをやって利益になります。しかし，この米国が受ける利益と沖縄が受ける利益のバランスを考えますと，とてもやっておれないというふうな，非常にアンバランスなもの

```
┌─────────────────────────────────────────────┐
│           基地と共存すべきか                │
│       基地と沖縄は偽共生関係にある          │
│                                             │
│  ■米国                 ■沖縄                │
│  安全保障の確保         軍関係地料          │
│  自由主義・民主主義の擁護  雇用             │
│  アジア・太平洋地域への軍  各種サービス     │
│    事プレゼンス                             │
│  日本政府よりの思いやり予算 ⎡沖縄の自治，人権，平和 │
│                             │は保障されているか  │
│                             │日本政府の利益：基地提 │
│                             │供義務の履行       │
│                             ⎣自衛隊の常駐      │
│                                             │
│    片利共生関係である  →  実質は寄生であろう │
└─────────────────────────────────────────────┘
```

です。というわけで片利共生関係であるという結論がでてきます。そしてじつは基地は寄生であるともいえるでしょう。

　沖縄の自治，人権，平和はこの偽共生関係では実現されません。米国の背後には日本政府の利益ということがあります。日本政府にとっては米国に対して基地提供義務の履行をすることができる，つまり沖縄に基地をおくことによって日本はアメリカに言い訳をすることができるという非常に大きなメリットがあるのです。このような大きなメリットを受けるわけですから，たくさんの基地関係の補助金が沖縄に投入されているわけです。けれども，その補助金をやめなければこの偽共生関係はますます強固になってしまって，結局沖縄が食いつぶされていってしまう，というような運命をわれわれは感じないといけないのかもしれません。

　この絶望的な基地負担と過剰適応ということでありますが，沖縄イニシアティブというのが5年ほど前からいわれています。代表的なものを

以下に紹介します。

> 　現在におけるアメリカ軍の基地の問題は、それが存在することの是非を問う問題としてあるのではなく、その効果的な運用と住民生活の安定をいかに矛盾なく調整できるかという課題としてあることになる。つまり、我々は基地の告発者なのではなく、安全保障に大きく貢献する地域として、その基地の運用のあり方を生活者の目線で厳しく点検する一方の当事者の役割を果たさなければならない。（大城常夫・高良倉吉・真栄城守定，2000『沖縄イニシアティブ』ひるぎ社，p.51）

　非常に血気盛んな主張ですけれども、このようなことは基地を置いているアメリカと基地が置かれている沖縄とが同等な関係でなければ、ありえないことです。このイニシアティブは、受け入れがたい沖縄の現状を何とか肯定するひとつのメカニズムとしての過剰適応反応であり、もう基地はどうしようもないんだから現状を肯定してそれに乗っかろうというそんな考え方になってしまうわけです。

　基地から受けている経済的利益はどうなんでしょう。昭和47年（1972年）から平成11年までのデータを見ますと、復帰の年に15％の収入があったのが、平成11年には5％前後になっています。そして基地全体の収入額でも、そんなに大きな比率になっていない、ということです（図Ⅰ-5、図Ⅰ-6参照）。

　次に、県外からの財政移転というのがありますが、これは補助金、公益というふうに考えるといいと思います。基地収入というのは2千億円前後ありますが、全体的にはそれほど莫大なものでもないということです。

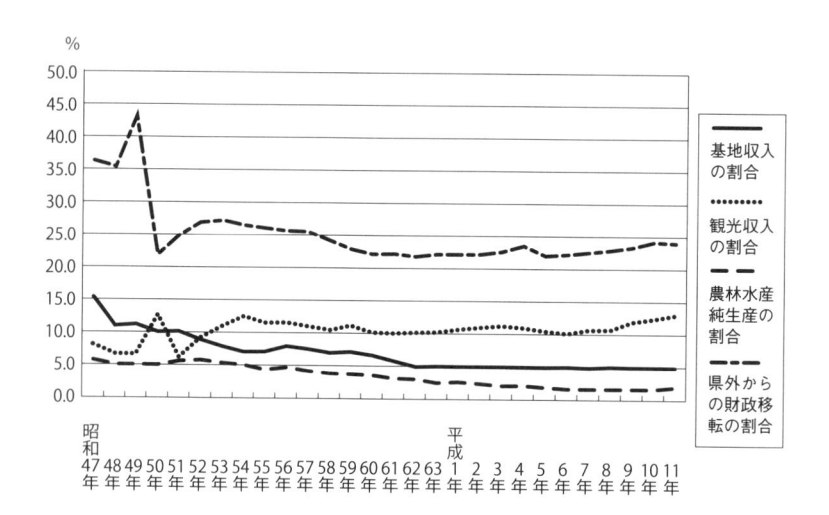

図I-5　県民総支出に占める基地収入の割合推移（沖縄県ホームページより）

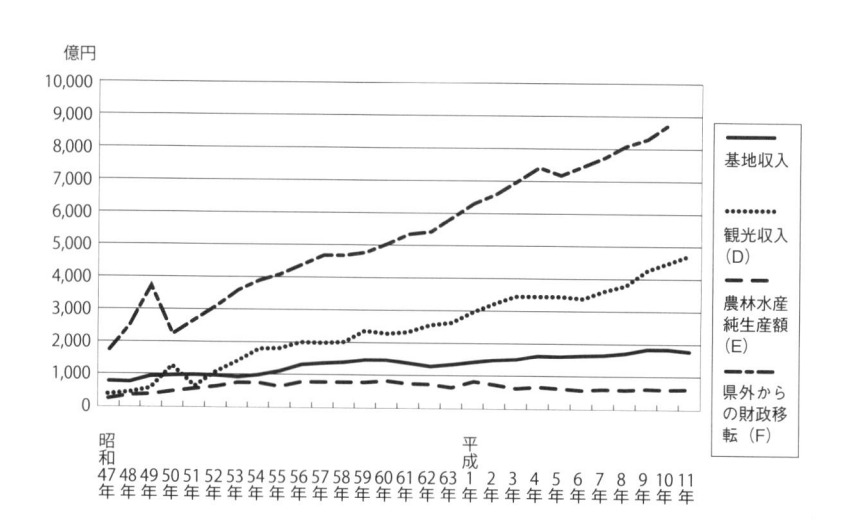

図I-6　基地収入額の推移（沖縄県ホームページより）

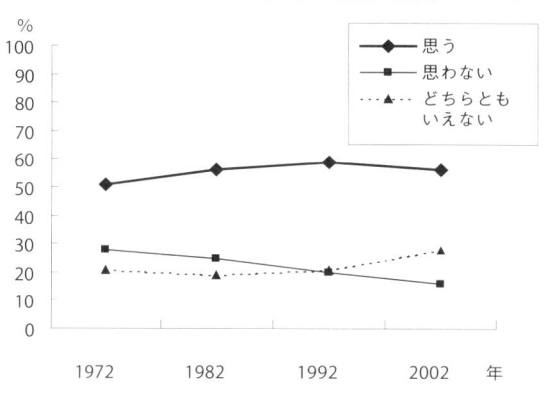

米軍基地が存続することで沖縄住民の自治権が侵害されている

図I-7　沖縄県民の意識調査2

　次に，米軍基地が存続することで沖縄住民の自治権が侵害されているか，という自治権の問題に関しまして，そう「思う」というのが，コンスタントに50％を超えています。図I-7に掲げるように，10年ごとの調査で，ずっと50％を超えています。そして「思わない」がどんどん減ってきて，結局復帰した後でも，沖縄の自治権は侵害されていると考える人が圧倒的に多いということです（図I-7参照）。

　また，「産業が育つのを待つのではなく，まず基地を撤去してそれから平和産業を確立すべきだと思うか」ということに対して，比率はどんどん下がってきてはおりますが，かなりの高い比率で「まず基地を撤去して産業を育成する」という考え方があります。それに対して「思わない」というのがどんどん下がってきて，そして「どちらともいえない」が増えています。つまり，もう判断停止，思考停止をするという一種の諦めムードがこの部分にひょっとして増えているのかもしれない，という懸念があります（図I-8参照）。

　「沖縄経済を豊かにするために基地を存続して基地収入があった方が

よいか」ということに対して「どちらともいえない」が増えていて，こちらの方も先ほどと同じようなケースで判断停止，思考停止をするというような傾向があるようです（図Ⅰ-9参照）。

次に，「軍事優先政策で沖縄住民の人権が侵害されている」と思う，これは特に復帰の年には80％近い。実際問題として復帰前後には米軍関係によって非常に人権が蹂躙されていたという事実がありました。復帰後少しは改善されているかと思うんですが，やはり50％近くの人た

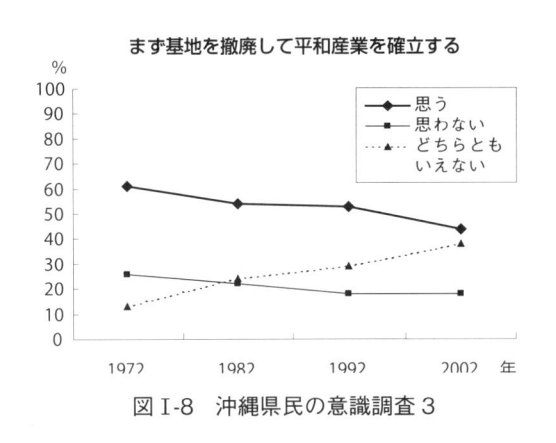

図Ⅰ-8　沖縄県民の意識調査3

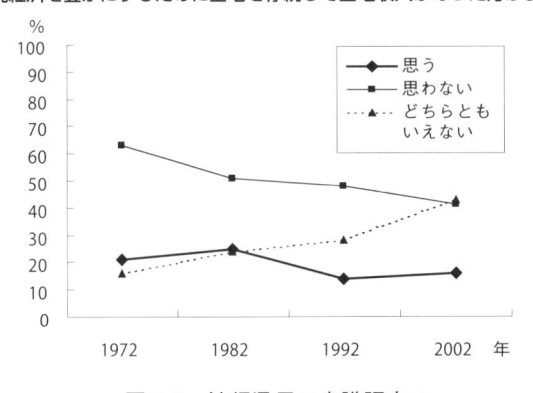

図Ⅰ-9　沖縄県民の意識調査4

軍事優先政策で沖縄住民の人権が侵害されている

図Ⅰ-10　沖縄県民の意識調査5

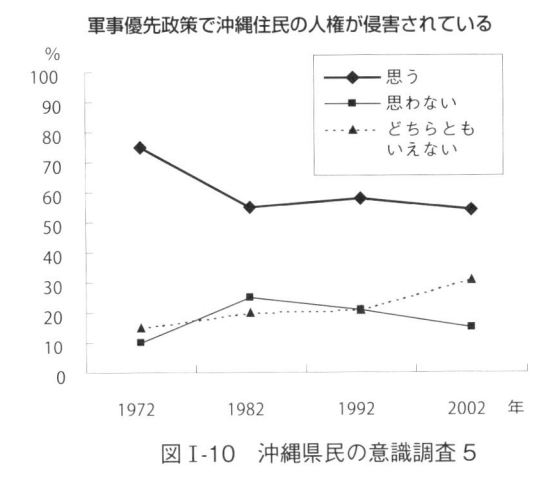

ちがそういう思いを持ち続けているということです。それからこの場合も「どちらともいえない」というのが上昇傾向にあり，そして「思わない」はどんどん減っていると，そういうような状況で，経済的にも人権的にも基地のマイナスの要因の影響を受けているということです（図Ⅰ-10参照）。

　口絵⑫は普天間基地の航空写真です。

　この基地は非常に危険だといわれるなか，アメリカのラムズフェルド国防長官は実際に飛行機で視察しまして，「危険である」という認識を示しております。この認識が示された数か月後には，米軍のヘリが沖縄国際大学へ墜落するという事件が起きています。危険性の指摘が現実になったのです。

　図Ⅰ-11は，米軍基地，特に嘉手納基地，普天間基地の騒音調査をした報告書からの引用です。アノイアンス（うるささ指数）が航空機騒音によってずいぶん影響を受けて，特に健康に大きな影響を与えていることの概念モデル図です。

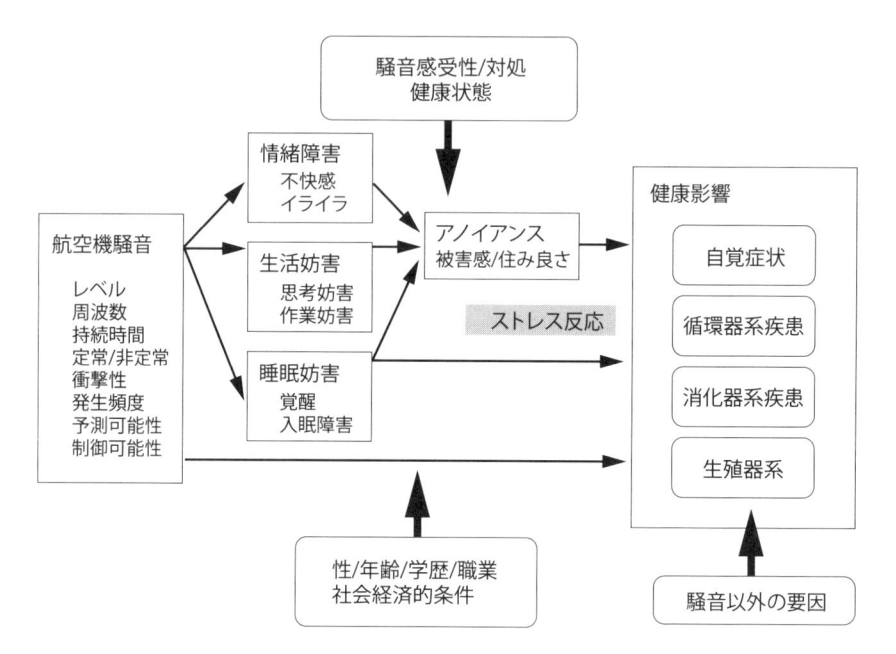

図 I-11　航空機騒音による健康影響のメカニズム
(沖縄県, 1999『航空機騒音による健康への影響に関する調査報告書』pp.6-27 より)

　次にイギリスの研究チームによる民間空港における航空騒音の影響に関する最近のニュースを紹介します（図 I-12 参照）。読解力が低下しているというのが，ニュースの趣旨です。民間空港の約 80 倍の騒音が軍事関係の空港にあるといわれておりますので，これから沖縄基地の航空機騒音のほどはだいたい想像できると思います。
　さて，問題はこういうことです，先ほど無力感にさいなまれていると言ったんですが，しかしどっこいそうではないと。効力感,「沖縄県民の個々人の意思や努力によって沖縄の社会全体をよりよくすることは可能である」と「思う」人が 2002 年の調査では約 80％に近い。圧倒的な比率で効力感を持っている者がいることを示しています(図 I-13 参照)。
　自律性の感覚,結局自分の行動の主体は自分である。報酬（補助金等）

基地と生活環境 | 37

は興味・意欲を低下させる。だから，はっきり言って基地関連の補助金制度はやめるべきである，というのが私の考えです。そして自立的に考えて，安全保障に果敢に貢献するという，沖縄イニシアティブの考え方，つまり，日米安保への意識については，国際安全のために日米安全保障条約を推進すべき，という県民の意識があるのならば，それはそれでかまいませんけれども，今まで見たとおり，30年間の沖縄での動きはそうではないということをはっきりと示しています。

　安保の評価には，高いような低いようなよくわからない動きがあります。「思う」と「思わない」の変化が対照的なのが読み取れ

図 I-12　空港騒音の影響
（沖縄タイムス，2005.6.3 夕刊）

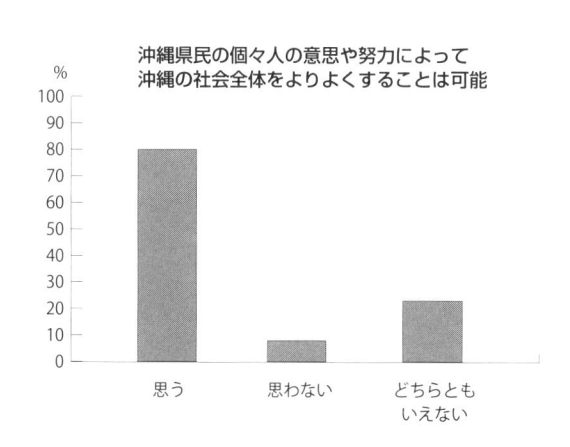

図 I-13　沖縄県民の意識調査 6

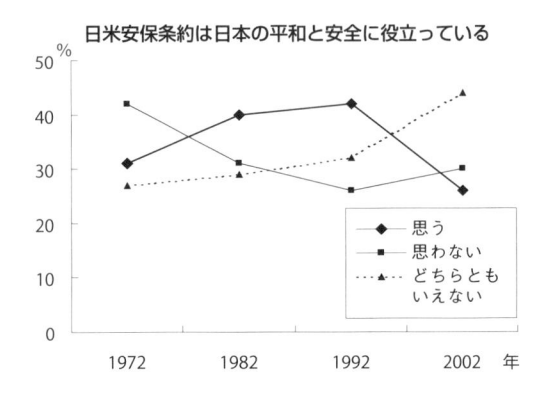

図I-14　沖縄県民の意識調査7

ます。なかでも「どちらともいえない」という判断を留保する比率がずいぶん増えてきているということが印象的です。日米安保についての知識が風化しつつあるのかもしれません（図I-14参照）。

　口絵⑬は，冒頭に述べました沖国大のヘリ墜落事件で被災した樹木です。新芽が出始めています。私はこれを「希望の芽」あるいは「希望の樹」と呼びたいと思います。「希望の芽」それは結局，絶望しない沖縄県民の希望であるというふうなことだと思います。

　以上でございます。どうもありがとうございました。

　　(注)　沖縄県民の意識調査1〜7は，中村完（編著）『復帰後沖縄における社会不安に関する継続的研究』2005年，pp. 104〜115のデータより筆者がグラフ化したものである。

大人の社会規範的行動と子どもの教育環境

中村　完（琉球大学教授）

　今日のテーマは「大人の社会規範的行動と子どもの教育環境」になっています。

　今回の話の目的ですが，沖縄でこの数年のいろいろな報道というか新聞を見ていますと，子どもにとって望ましい大人の社会環境の形成を求めているような記事が多くございます。例えば，「子ども社会をよくするには，大人が襟を正すこと」だとか「少年犯罪は大人を映す鏡である」とか「深夜徘徊を容認する大人社会」，あるいは「不良の背景，大人の無関心」とか，「親としての自覚がない」とか，そういった記事がとても目につきます。これはやはり，大人社会は子どもの教育にとってこれでよいのか，ということを県民は訴えていると思います。ですから，大人のどのような社会環境が問題か，私はここでひとつの具体例として，社会規範的行動の希薄性ということを取り上げて，それを改善することによって，現代の子どもにとって望ましい教育環境が築かれ，あるいは未来の子どものためにもいいのではないかと，こういうようなことで報告いたします。

　今日の話の流れですが，まず環境と子どもの発達との関係の重要性について，それから，子どもの社会化に影響を及ぼすエイジェントの問題，そして，沖縄の大人の社会規範的行動にはどのような問題点があるのか，そのあたりをまとめて，大人の社会の問題点とそれをどのように改善するのか，ということで話を進めていきたいと思います。

本報告の目的

■県民・市民の声，要望として（世論）
　子どもにとって，望ましい大人の社会環境の形成を希求
■例えば
　1）子ども社会をよくするには→大人が襟を正すこと
　2）少年犯罪は社会を映す鏡
　3）深夜徘徊を容認する大人社会
　4）少年の不良行為の背景に大人の無関心
　5）児童虐待で→親としての自覚が持てず

　　　　　　　　　　⬇
　　　大人のどのような社会環境が問題か
　　　　　　　　　　⬇
　　具体例として　⇨　社会規範的行動の希薄
　　　　　　　　　　　その改善
　　　　　　　　　　⬇
　　　　子どもの教育にとって望ましい

本報告の流れ

1. 環境条件の重要性について
2. 子どもの社会化に影響を及ぼす諸エイジェント
3. 沖縄の大人の社会規範的行動について
4. 大人社会の問題点
5. 問題の改善に向けて

❋環境条件の重要性

　図 I-15 は，心理学でよく利用されるものですが，環境条件と子どもが持っている能力や可能性が発揮される率との関係をいろいろな特性ごとに説明した図です。例えば，環境条件がきわめて不適であっても，極端に食生活が不十分でなければ，身長とか発語とかは割と発現されるわけですが，しかし逆に特性 D のような絶対音感，外国語音韻といったものは，仮に潜在的な能力はあったとしても，それを発揮するためには環境条件が整わないといけない，ということになります。ですから，特性 C の学業成績は環境条件が中程度であると能力はあっても中程度までしか発揮できない。100％発揮させたければ最適な環境条件を整えることです。これは物理的，文化的な環境でもそうですし，人的な環境でもそうだと思います。近年，沖縄の高校生が入学レベルの高い大学への合格率を高めていますが，やはり私は沖縄の教育環境が 20 年前，あるいは 10 年前に比べてとても整ってきたと思います。大部分はそのことによって能力が発揮されていると考えます。

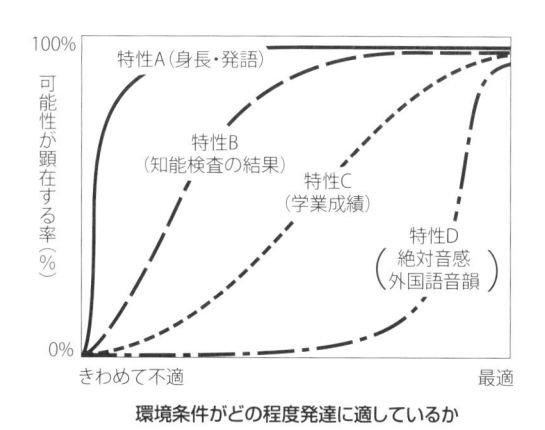

図 I-15　ジェンセンの環境閾値説の解説図
（東洋・大山正『学習と思考』大日本図書，1969 年）

❋子どもの社会化に影響を及ぼす諸エイジェント

　そこで，環境をよくするということが重要なんですが，子どもの社会化ですとか，あるいは子どものパーソナリティ形成や発達に影響を与えている他者とかあるいは文化，そういったものをエイジェントというふうに捉えています。ここでは，子どもに直接的にかかわるエイジェント，あるいは発達的にみると初期のほうでかかわるようなエイジェントを一次的レベルのエイジェントと，操作的に定義しております。このレベルのエイジェントには，真っ先に親がかかわるだろうし，また兄弟姉妹，友人，教師などが存在します。このエイジェントは身近な人々で，非常に直接的にかかわり，また，幼児期や未発達の頃は社会化に非常に強く影響を及ぼすと思うんですね。それに比べて，間接的，あるいはまた，発達的にある程度段階が進むと社会化に影響を与えると思われるものを，ここでは二次的レベルのエイジェントと呼びます。これには，法規あるいは社会的ルールとか決まりなどがあると思います。そして地域社会の伝統的な価値観，あるいは，その地域や社会で一般的に行われている行動特性といいますか，いわゆるモーダル・パーソナリティ（最頻的パーソナリティ），あるいはマス・メディア，その他にもあるかと思います。このように2つのレベルのエイジェントに分けられると思います。

　そこで，子どもの社会化に影響を及ぼすルートとして，社会環境から家庭環境や教育環境にいろいろと影響を与えたり，逆にその社会環境は，家庭や学校から影響を受けたりします。家庭や教育環境は子どものいろいろな成長・発達に影響を及ぼしています。すなわち家庭環境はしつけとか，家庭教育という名のもとで，子どもの社会化を助けていると思います。学校では教科指導あるいは先生や友人との関係を通して，子どもはいろいろと発達を助けられるということになると思います。子どもの

子供の社会化に影響を及ぼす諸エイジェント

1. 一次的レベルのエイジェント
   - 親（親の価値観，人格特性，養育態度）
   - 兄弟姉妹
   - 友人
   - 教師
   - その他
2. 二次的レベルのエイジェント
   - 法規
   - 社会・地域の伝統的な価値観
   - モーダル・パーソナリティ（最頻的パーソナリティ）
   - マス・メディア
   - その他

　社会化過程には，社会的環境からの影響があり，それには親や先生，友だちを通していくルートがあるし，あるいは子ども自身が直接社会環境から社会的影響を受けることもあります。そして，子どもはそういった受身的，受動的な影響を受けるだけではなく，子どもの側から観察学習とか，模倣学習，あるいは親の行動や社会の動きが同一視の対象となることもあります。時にはそれらは合理化の手段として利用されるかもしれません。例えば，「お父さんはやっているのに，どうして私はやってはいけないの」というように家のルールに反することをすることがあります。そうした合理化の手段として利用されることもあるかもしれません。このようにいろいろな交互作用を通して子どもは社会化していきますので，社会環境というのは非常に大事であります（図I-16参照）。私は今日はその社会環境を中心に，沖縄の社会環境は子どもの社会化にとっていいのかということにターゲットを絞っていきたいと思います。

- 二次的レベルのエイジェント＝社会環境
- 社会環境と子どもの社会化との関係

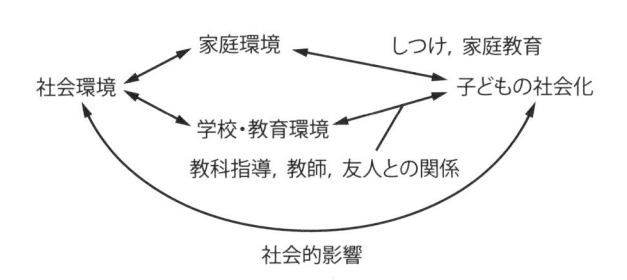

```
        家庭環境          しつけ，家庭教育
社会環境              子どもの社会化
        学校・教育環境
        教科指導，教師，友人との関係
                社会的影響
```

- それぞれの環境は子どもから，観察学習，模倣学習，同一視の対象となる。時には合理化の手段として利用される。

図 I-16　子どもと二次的レベルのエイジェントとの関係

　もちろん，子どもの社会化にとって，家庭環境や学校教育の役割は非常に大事ですが，このことに関しては今回割愛して次回に回し，社会環境と子どもとの関係ということで考えていきたいと思います。

　図 I-17 に示すように，子どもは大人の社会環境から文化的伝達，いわゆる言語とか価値観とか行動様式を受動的に受け取るというチャンネルがあると思います。しかし，また子どもは先ほど述べたようにいろい

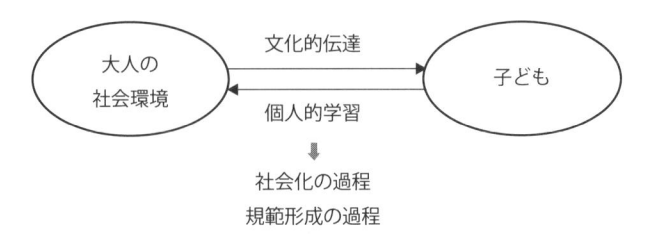

```
              文化的伝達
  大人の       ─────▶      子ども
  社会環境     ◀─────
              個人的学習
                 ⬇
             社会化の過程
             規範形成の過程
```

- 子どもの社会化にとって，大人の社会環境の良否は重要である。

図 I-17　子どもの社会化の過程

ろな個人的学習をします。観察学習，社会的学習とか，あるいは同一視をしたりします。そういった双方向の相互作用によって，子どもは社会化していく，あるいは規範もそういう過程を通して形成されるのではないでしょうか。そこで，子どもの社会化にとって大人の社会環境の良否というのはとても重要ではないかということです。

❋沖縄の大人の社会規範的行動について

ところで現在，沖縄の社会を見てみますと，飲酒運転が社会問題になっており，そしてその割合は他府県に比べて異常に高く，また無免許運転の割合も高くなっています。また他方では，国民年金保険料の納付率や国民健康保険税の納付率などは低い。そのようなことをインデックスにして沖縄の社会の側面を見るということは，沖縄の大人の社会規範的行動の理解に関して有効だと思われます。もちろん，沖縄社会にはとても望ましいこともいっぱいあると思います。しかし，このようなインデックスで見る沖縄の社会は，現代の子どもにとって，また，未来の子どもたちにとっても，これでいいのかどうか懸念を覚えます。

図I-18は琉球新報の記事のコピーですが，飲酒運転の検挙ワースト2という報道であります。ではワースト1はどこかというと大阪なんですね。大阪も東京も人口は沖縄よりもはるかに多い。東京は約1,200万人，

沖縄の大人の社会規範的行動について

1．飲酒運転の割合
2．無免許運転の割合
3．国民年金保険料の納付率
4．国民健康保険税の納付率

図I-18 飲酒運転検挙ワースト2位を伝える報道　琉球新報（2005.1.11）

　沖縄は約135万人。それで東京を上回っているんですね。全交通違反検挙数に占める飲酒運転の割合が日本全国で2位ということですから，とても驚異的な順位だと思います。

　これも同じような報道ですが，2002年に道路交通法が改正されて，違反者に対しては罰則が従前より強化されています。そのことによって，沖縄以外の他府県ではその罰則の効果が出て飲酒運転が非常に減ってきています。しかし，沖縄の場合はそういった効果はないということです。

図 I-19　飲酒運転の人口比ワーストを伝える報道　沖縄タイムス（2005.4.14）

そして運転免許証の再交付率も高いそうです（図 I-19 参照）。少し話がずれますが，沖縄は所得が低く貧困県であるにもかかわらず，免許証の再交付にかかる手数料を他県より多く支払っているわけです。沖縄はいろいろな面で矛盾を抱えているといった気がします。

図 I-20 は飲酒運転の割合を沖縄，全国，九州で比較したグラフです。沖縄は 3 年連続して，飲酒運転の割合が異常に高いのであります。

図 I-21 は無免許運転の割合を示したものです。ここでも沖縄は断然

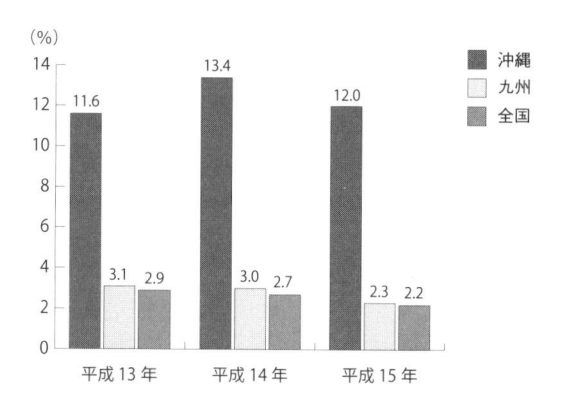

図I-20　道路交通法の送致・告知件数に占める飲酒運転の割合（沖縄・九州・全国比較）
（数値は警察庁発行の各年犯罪統計書より算出）

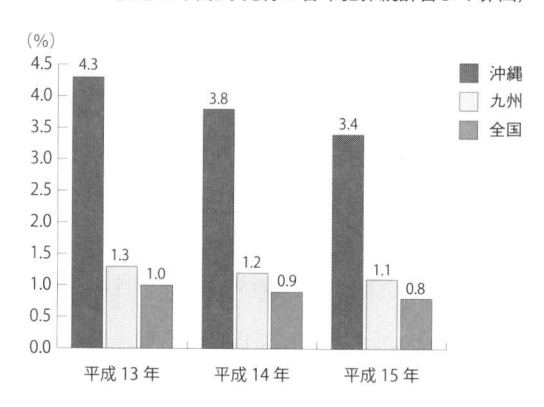

図I-21　道路交通法の送致・告知件数に占める無免許の割合（沖縄・九州・全国比較）
（数値は警察庁発行の各年犯罪統計書より算出）

高くなっています。無免許運転というのはやはり法規違反ですね。規範の問題が指摘されると思います。これも全国に比べ4倍強で多いということです。

　また図I-22は国民年金保険料の納付率の都道府県別比較についての記事ですが，沖縄は最低の45.1％となっております。

大人の社会規範的行動と子どもの教育環境 | 49

図I-22　国民年金納付率についての報道　沖縄タイムス（2005.6.4）

　沖縄について考える場合に，沖縄にはいろいろなハンディキャップがあるし，また経済的にも低所得県であることを真っ先に考えます。家庭の貯蓄の額とか経済的な面で最下位なんですね。そういった意味で支払いたいけど支払えないという方々もいると思いますが，最下位だということです。そういう状態があって，沖縄の社会保険事務局の担当の方にいろいろ電話でインタビューしたところ，経済的理由で納付できない人々もいるようですが，一方で納付意識が弱かったり，あるいは戸別訪問や電話による督促によって納付したり，さらには十分な所得や資産があるのに支払わない人々もいるとのことでした。なお，記事にはでていないんですが，20年近く沖縄は納付率が最下位だということでした。たまたま20年間で1回だけは最下位から2番目の年もあったというよ

うなお話をしておられました。

❋大人社会の問題点

　こういうことをまとめてみると，やはり遵法精神の希薄性が考えられます。今私が出した例から見る限りでは，そういう規範意識と行動の改善が要求されると思います。それから，国民健康保険税の滞納世帯も多いですね。そういった，納付率のアップにはもちろん経済的なこともありますのであまり強くは言えないんですが，滞納者に関して，新聞でも報道されていたんですが，那覇市の場合，納付期限が近づくと，40名態勢で市長をはじめ電話戦術で納付を呼び掛けるそうです（琉球新報，2005年5月14日）。これが何百件となるわけです。何日間か続くんですが，これ以外に督促状の送付や家庭訪問などをやるわけです。これにも予算を使う。規定があって，納付率を高めるためにいろいろと戦術をとっているようです。このようなことは那覇市だけではなくて，私の住んでいる宜野湾市でもインタビューしたらそういうことだと言っていました。すなわち，電話による呼び掛け，督促状や家庭訪問などによる催促によって納付率が高まるといわれています。ですから，自律性というか自主性が欠けているところが，市民のひとつの個性なのかという感じがします。次の枠で囲んだかっこ内は，それに結びつけて考えられる心理的な概念，心理学的な解釈をする，あるいは理由づけをするひとつの考えとして，相互協調的自己観と相互独立的自己観というものがあるのではないかということを示しています。沖縄の社会・文化的特徴から相互協調的自己観が養成されて，その方向に進み過ぎ，逆に個の確立，責任感の養成が弱まっているのではないかと推考されます。また，住民側と役所・官庁側との間に潜在的に心理的線引きが生じ，いわゆる内集団と外集団という差異意識があるのではないかと思われます。このような

```
┌─────────────────────────────────────┐
│          大人社会の問題点            │
│  1．遵法精神の希薄性                 │
│          ⬇                          │
│     規範意識と行動の改善             │
│  2．自主性，自律性の乏しさ           │
│     （相互協調的自己観と相互独立的自己観）│
│  3．住民側と役所・官庁側との心理的線引き │
│     （内集団と外集団の意識）         │
│  4．行動の習慣化，マンネリ化         │
│     （自動化行動 → 脱自動化行動）    │
└─────────────────────────────────────┘
```

意識が納税に抵抗感を生じさせているのではないかと推考されます。また一方で習慣化された，あるいはマンネリ化した行動があるのではないかと思われます。これを脱自動化の方向にもっていかないといけないのではないかというふうに考えます。

※問題の改善に向けて

　特にいま沖縄では，上の枠内に示した1，2を改善することが大きな課題であり，現在の子どもの教育にとっても，また未来に向けても大事だと考えます。飲酒運転の撲滅とかそういったものに対しては，20年間近く大人を対象として関係当局とか，われわれがいろいろはたらきかけたわけですね。改善しましょう，改善しましょうと努力しても，大人を対象にしたはたらきかけに効果はなかったのです。大人を対象にしては効果があがらないものですから，私は子どもから大人へという方向でアプローチが必要ではないかということで，いろいろ調べてみました。那覇市の宇栄原小学校では子どもが省エネの実行を学校でやっておりま

す。そして学校で実行してそれから各家庭に持ちかえって，お父さん，お母さんに電気は消しましょう，節水を心がけましょうと，家庭で規範を作るんですね。それからお母さん方やPTAが盛り上がってPTAアースの会というのができました。それが地域へと影響を及ぼす。このようなプロセスは素晴らしい方法だと思います。それから岩手県葛巻小学校の場合ですが，これは2005年5月3日のNHKのラジオ第一放送で省エネに関する「21世紀の日本の自画像，持続型社会へ，地域からの挑戦，地域に見る新エネルギーへの模索とこれからのニッポン」のテーマで放送されていました。私は電話で2度ほど葛巻町役場の環境係の方と葛巻小学校で担当している教員の方に1時間ほどお話をうかがいました。そうしたら，学校と役場との協力で，やはり子どもから親，そして地域の大人へとこういった方向で省エネが実行されているということでした。もちろんこの2つの小学校の成功的事例の背景には，教職員の御尽力があったのです。それからカナダにおいても子ども環境運動というのがあって，1992年6月にブラジルのリオ・デ・ジャネイロで開催された国連の地球環境サミットで，環境運動組織の1人の子どもがスピーチをして，参加者を感動させ大人の意識を改革させたと，そういうことがあります（図Ⅰ-23参照）。

　ですから，子どもを参加させて大人社会を改善させていく，このような方法を何とか活用できないのかということが，問題解決へのアプローチの視点として考えられます。その際，そのアプローチの中に1つは社会心理学の知識と方法を活用する，あるいは事例で紹介した児童の省エネ教育や環境保全運動から学べることがあると思うんですね。そういったことを取り入れる。それから沖縄の社会的・文化的資源を活用する。それからもちろんそういった前述の法規違反者に対してはいろいろとこれまで対応してきた方策を工夫して変える必要があって，私は個人的に

```
1. 省エネ教育を実施している小学校
  1）那覇市宇栄原小学校の場合
  学校で子どもが省エネ実行 ➡ 各家庭での実行
    ➡ PTAアースの会 ➡ 地域への好影響
  2）岩手県葛巻町葛巻小学校の場合
  学校で子どもが省エネ実行 ➡ 各家庭での実行（5日間
  集中的取り組み）➡ 地域へのはたらきかけ（役場との協力で）

共通点
    ［学校］ ➡ ［各家庭］ ➡ ［地域］
         親へ          大人へ
         子どもから

2. カナダにおける ECO（Environmental Children's Organization）
  ：子ども環境運動の場合 ➡ 自然環境保全
```

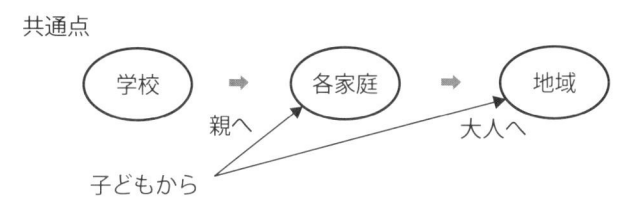

図Ⅰ-23　子どもから大人社会を改変している事例

はいろいろな方法があると考えます。それからもっと役所・官庁と住民サイドの心理的な距離を短くするようにお互いに努力する必要があると思います。これらの諸観点を有効に組み合わせて活用したらどうでしょうかというのが私の提案です。

　ただし，こういった規範的行動を改善するということには，なかなか特効薬とか切り札というのは見つけにくいんですね。ですからやはり地道に家庭，学校，職場において，約束とか決まりごと，役割などを実行するようにお互いが努力するということが基本にないといけないんじゃないのかと思います。それから，社会心理学でいう集団凝集性の高い集

```
┌─────────────────────────────────────┐
│      問題解決へのアプローチの観点      │
│  1．社会心理学の知識と方法の活用       │
│  2．児童の省エネ教育からの教え         │
│  3．沖縄の社会的・文化的資源の活用     │
│  4．法規違反者への従来の対応の再検討   │
│    （罰則強化の効果なし）             │
│  5．役所・官庁から住民サイドへの接近   │
│                ↓                    │
│  上記の観点を組み合わせて方法を採用する │
└─────────────────────────────────────┘
```

団，これは非常に魅力的な集団とか，お互いに親和性のあるメンバーで構成されている集団のことをいいます。このような凝集性の高い，比較的中小集団を作って，そこに当面何を解決するのか，何を話すのかという当該課題にあわせて適宜に子どもも参加させて集団討議をさせ，課題解決に向けての方策を集団決定，あるいは自己決定させて実行を公約させるのです。そのような過程を経て，例えば「私は飲酒運転はしません」と実行公約させると，その後仮に飲酒運転をした場合には，自己公約不履行にともなう心理的呵責が生じたり，あるいは認知的に不協和を起こすと思います。このように，自我関与を強めさせて改善していくという方策が1つあると思います。例えば，交通違反運転者を対象とした従来の講習会でも，一方的な講義方式とか説得方式ではあまり効果がなかったわけです。17年間にわたり期待される効果はみられなかったのです。ですから今沖縄においてはそういう従来の方法を変える時期ではないのかというふうに考えます。また，沖縄には多くの集団凝集性の高い集団があります。多くの市町村には自治会の下に班という組織があります。

私は宜野湾市長田に住んでいますが，長田自治会の下に10数班があります。私は7班に住んでいるんですが，とても高い結束力や凝集性があります。また，沖縄の文化的な特徴として，いろいろな踊り，民謡，三味線などのクラブとか空手の道場とか，他府県に比べてそういう芸能などの集団が多く，これも集団凝集性の高い集団です。そこには親から子どもまで参加している集団もあります。ですから，そういった集団を活用して何とか規範の形成，あるいは規範を望ましい方向に変えていくという方法があるんじゃないかと思います。これは仮説なんですが，できるだけそういった方向に持っていけたらいいのではないかと考えています。

このようにして，大人社会が改善することによって，子どもの向社会的行動もより向上的に形成されるものと期待されます。これで終わりたいと思います。どうもありがとうございました。

規範の内在化と自律的行動の涵養に向けて

1. 各人が家庭，学校，職場において，約束，決まり，役割等を実行するよう努める。
2. 集団凝集性の高い集団（適宜に子どもを参加させる）において，リーダーの下で当面の課題解決に向けて集団討議，集団決定，自己決定，実行公約させる。
3. 沖縄には多くの集団凝集性の高い集団（自治会，芸能集団等）が形成されている。
   ➡ それらの集団の協力と活用

高齢者の社会活動推進に向けて
―大阪府における高齢者ボランティア実態調査からみえてきたこと―

藤田綾子（大阪大学大学院教授）

　今日のテーマは，「住みよい環境のあり方を探る」ということですが，私自身は，高齢者の方がどうしたら幸せな人生を送ることができるかということで，長年研究をしてまいりましたので，今日は高齢者を取り巻く状況についてお話をさせていただきたいと思います。

　高齢者の方と沖縄との関係といいますと，私たちが老年社会科学会やマスコミなどで聞くお話は，沖縄県は他の都道府県と比べると高齢者を取り巻く環境は恵まれているということです。なぜなら，平均寿命は他の都道府県と比較すると長く，認知症の患者さんのデータを見ていますと，認知症になる確率，発症率というのは他の都道府県とほとんど変わらないのですが，問題行動の発生率は非常に少ないことなどがその根拠としてあげられます。

　そういう意味で沖縄の高齢者の方々を取り巻く環境から学ぶことのほうが多いのですが，私の住んでいます大阪の高齢者も頑張って，いろいろ取り組んでおられますので，そのことについてお話をさせていただいて，何かのご参考にしていただければと思います。

❋高齢化率と社会の変化

　先ほど申しましたように，長寿という点では沖縄はかなり高いので，高齢化率も，沖縄は高いのではないかというイメージが浮かぶのですが，全国平均が19.5％に対して，沖縄は16.1％で，都道府県では2番目に低い高齢化率になっています（2005年厚生労働白書）。他の県に比べると

若い県，というのが沖縄の置かれている位置です。しかし，若いといいましても，50歳が若いといっているのは70歳と比べると若いですけれども，20歳と比べると年をとっているような具合で，16.1%というのは相対的には2番目に低いんですが，絶対的な値としてみますと「高齢社会」といえる値です。わが国の高齢化率は，1970年に7%になり「高齢化社会」に，1995年に14%に達して「高齢社会」になりました。そして，2005年に20%を超えるだろうといわれていたわけですけれども，予想通り20%に達し「超高齢社会」になりました。このように，一定の値を基準に社会の呼び方に名前をつけるのは，「名は体を表す」と言いますように，社会体制に変化が起こることを示唆しています(表I-1参照)。

さて，1970年というのは，復帰の前前年にあたりますので，わが国が1970年に高齢化社会を迎えた当時の高齢者人口にはまだ沖縄の高齢者は入っていなかったのだと考えますと，1970年からの時間はあっという間のようでさまざまな歴史を刻んでいることを痛感します。私的なことですが，私が沖縄を初めて訪れたのが1970年です。まだパスポートが必要であった時期で初めての海外旅行が沖縄でした。それから何回か仕事や観光で訪れています。訪れるたびに，沖縄の街を歩いたり戦跡

表I-1 高齢化率による社会の区分

	1970年代	1995年代	2005年代	2015年代
高齢化率	7%〜	14%〜	20%〜	25%〜
高齢者の存在	増えてきた感じ	影響が出始める	特別ではない	積極的取り込み
社会の呼称	高齢化社会	高齢社会	超高齢社会	成熟社会
社会の認識	就労世代を中心とする正円	正円のひずみが出始める	焦点を2つもつ楕円型社会へ	楕円型社会の完成
社会の流れ	エイジズム	エイジズムを超えて	プロダクティブエイジングへ	プロダクティブエイジング確立
高齢者への施策	無前提に保護	保護への疑問が生じる	要援護者を区別	市民社会へ

を訪れたりすると自然環境や道路などの環境のみでなく，歩いている人たちの顔にも変化を感じます。今日もホテルの12階の部屋から街を眺めていますと，大阪の街とまちがえるくらいに高層ビルと住宅の密集化が進んでいることに驚いています。郊外に出れば空もまだ広く青い海も健在だと思いますが，そのような環境の変化を眺めておりますと，沖縄にお住まいになっている高齢者の方たちにはどのような影響を与えているのだろうと思いながら，高齢者の方々の生活を思い浮かべておりました。

✼私たちを取り巻く3つの環境

　沖縄の高齢者にかかわらず，一般に私たちの生活はどういうふうに成り立っているのかということをまず考えてみました。先ほどの発表で，子どもたちを取り巻く環境として，家庭と地域と学校という視点での提案がありました。私も基本的に家庭と地域と，私は大人社会のことを考えておりますので，学校の代わりに職場という3つの輪のなかで暮らしていると考えています（図Ⅰ-24参照）。3つの輪は，同じ大きさということではなく，人によってどの輪が大きくてどの輪が小さいか異なっていますし，また，同じ人でもライフサイクルの中である輪が大きくなっ

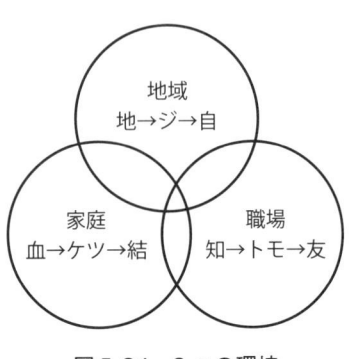

図Ⅰ-24　3つの環境

地域
地→ジ→自

家庭
血→ケツ→結

職場
知→トモ→友

たり小さくなったりと円の大きさの変化があります。が，基本的にこの3つの円の中に住んでいると思っています。そして，それぞれの輪は，「ち」というものを共通にもっていると考えています。家庭は「血」を媒介にした結び付き，そして職場では「知」，知識，仕事などを含み，学校であればそこで勉強し知恵をつけることになります。地域は「地」を媒介にし，これらの3つの「ち」によって私たちの日常生活が成り立っていると考えています。そして，この3つの「ち」を少しロマンティックに展開しますと，血というものは血液の「ケツ」という読み方もできます。「ケツ」から連想される別の漢字をあてはめますと，「結」という字があり，結びつきにつながります。つまり，結婚というものでシンボライズされるように，家庭はこの結びつきによって形成されているといえます。次に「地」は，「ジ」とも読めます。「ジ」は「自」という漢字を連想させ，自分というものに向き合うことのできる場が地域と考えます。さらに，「職場」は「知識」というものを媒介にしています。「知」は，「トモ」と読めます。つまり，職場では友人関係，仲間関係が形成されていると考えられます。

　次に，定年によって退職した場合を考えてみます（図I-25参照）。職場の存在がなくなっていくことは，職場で形成されていた仲間関係がなくなることです。そこで代わりの新しい関係性を作っていかなくてはならなくなります。すでに地域に拠点を持っている人は，地域での仲間関係をさらに強化していくことで代わりの関係性を作ることができます。しかし，地域に仲間関係を持っていない人は，新しい関係性を作る必要があり，大阪のような都市部の高齢者にはこのような人たちが多いのです。つまり，「知」を媒介にした自分の場所というものがないということになります。

　そこで「知」を媒介にした新しい集団を作らなければならなくなるこ

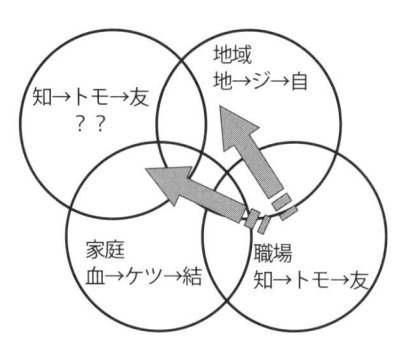

図 I-25 退職による環境の変化

とが退職後の問題として出てくると考えられます。

※退職にともなう人間関係の変化

では，実際の退職した方々は3つの輪の人間関係をどのように作っておられるのでしょうか。実態から見てみたいと思います。大阪府には「サラリーマンOB運営委員会」という，退職した人の集まりがあります。すべて退職した人ですから，何らかの企業や役所に勤めていた人たちの集まりです。その方々に退職後の気持ちについて調査したものの一部についてご報告いたします。図 I-26 のグラフを見ると，会社での人間関係，地域とのかかわり，家庭での役割などの人間関係が退職後に変化したかどうかについて尋ねた結果では，あまり変わっていないと答えている人が多いことがわかります。

「変わっていない」ということは，地域のかかわり，家庭での役割は退職後も退職前と同じということで，つまり会社に行っているときと同じに家庭や地域の人たちとかかわっていることは，退職によって喪失したことの影響は起きていないといえます。では，大変楽になったものは何かといいますと，「仕事にかかわるもの」があげられています。仕事がなくなったことによって，精神的には非常に楽になっていることがわ

余暇

- 大変つらかった: 2
- : 8
- : 14
- : 33
- 大変楽になった: 43

仕事による緊張

- 大変つらかった: 3
- : 7
- : 19
- : 34
- 大変楽になった: 37

会社での仕事

- 大変つらかった: 1
- : 6
- : 23
- : 30
- 大変楽になった: 40

会社での人間関係

- 大変つらかった: 2
- : 8
- : 38
- : 30
- 大変楽になった: 27

地域とのかかわり

- 大変つらかった: 0
- : 4
- : 63
- : 19
- 大変楽になった: 13

家庭での役割

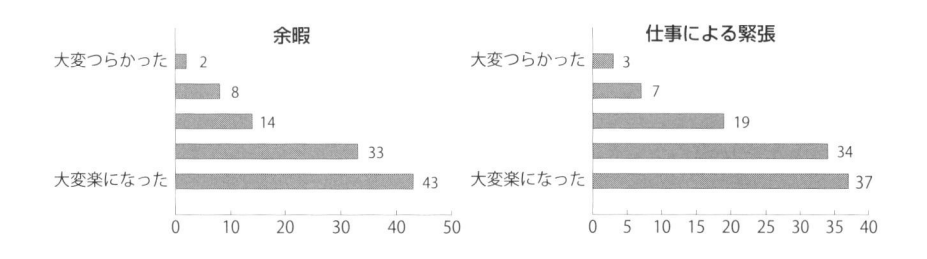

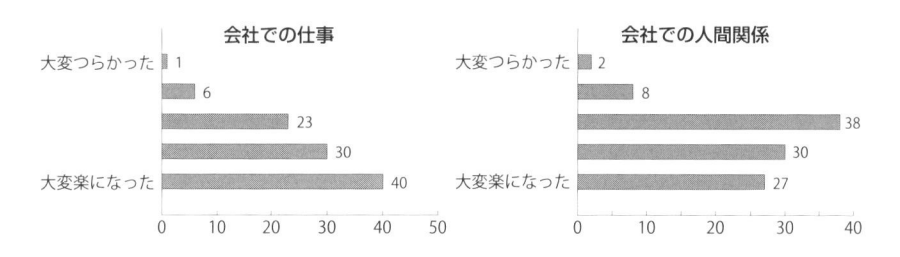

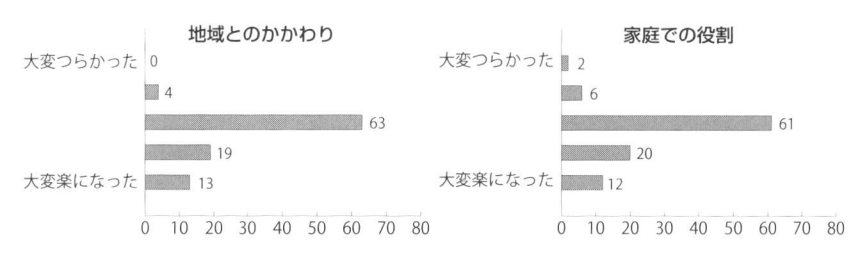

- 大変つらかった: 2
- : 6
- : 61
- : 20
- 大変楽になった: 12

図 I-26　自分を取り戻しているか（退職後の気持ち）

かります．しかし，人間関係のなかで，新しい仲間作りをスムースに形成している人は少ないといえます．

　他方，なかには非常にうまく適応している人がいます．積極的に社会参加活動を行い，満足の多い充実した生活を送っている人がいます．その人たちをイノベーター，つまり超高齢社会のイノベーターとして位置づけ，退職後，社会に積極的に参加して仲間を作っている人はどういう人たちなんだろうということでインタビューをいたしました．

その人たちの話のなかに必ず出てくるのは「健康」と「時間」と「経済」という3つのキーワードだったのですが，多くの人たちがそのうち1つ以上に恵まれていて，3つとも満たされていないという人はいませんでした。この必要条件のうち，「時間」については，勤めていた人は退職すると勤めていた時間がほとんどそのまま余暇時間となったという言葉は非常に説得力がありました。他方，女性の場合は時間ができたことの説明として，「子育てが一段落したので」活動を始めたという人が多くおられました。しかし，「子育てが一段落」というきっかけは人それぞれで，子どもが小学校に入ったから一段落したと考える人もいれば，嫁にいって家から出て行ったから一段落したと考える人もいました。時間があるかないかは主観的な問題である面もあるということがわかります。そこでイノベーターの方は，少なくとも本人の意識のなかでは自分は健康で時間があり，経済的にもある程度恵まれているということをありがたいと思っておられることを複数の人たちが述べていました。これらの条件（健康・時間・経済）はこれまでも多くの研究で明らかにされていたことですが，今回特に注目したのは11名全員が何らかの学習講座を受講していることでした。1つだけの人もいれば，10個ぐらいいろいろな研修や学習講座を受講されている人もいました。このように高齢者が参加できる講座は公的機関，民間，NPO団体，学校など多様に展開されています。学習した人をインタビューで意図的に選んだのではなく，積極的な社会参加活動者を選んだ結果そうであったということです。その方々の話を聞きますと，学習の場のなかで仲間ができて，その仲間とあるいはその仲間のツテで社会参加活動を行うようになったというステップを踏んでおられることがわかりました。職場での仲間を喪失した後学習の場で新しい仲間作りをしておられたのです（図I-27参照）。
　社会参加活動のイノベーターの人たちが自分の行っている活動につい

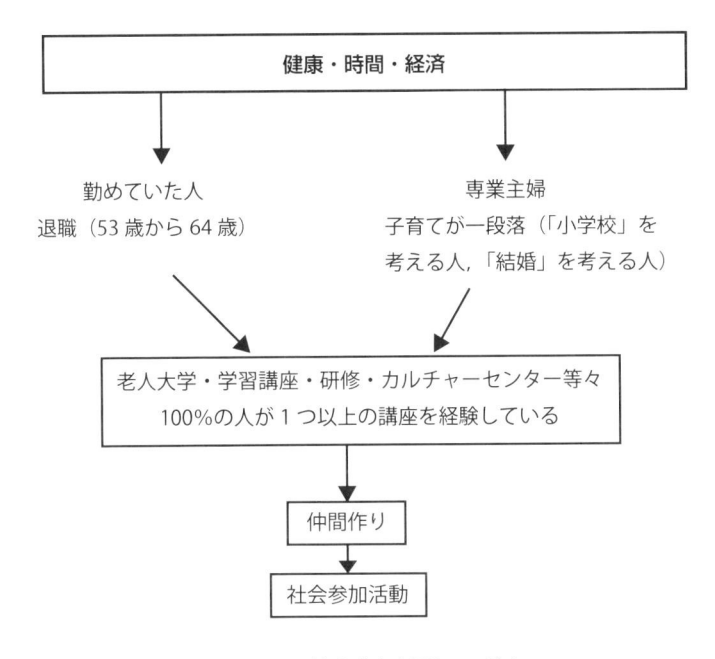

```
            ┌─────────────────────┐
            │   健康・時間・経済   │
            └─────────────────────┘
               ↓                ↓
         勤めていた人          専業主婦
     退職（53歳から64歳）  子育てが一段落（「小学校」を
                          考える人,「結婚」を考える人）
               ↓                ↓
     ┌─────────────────────────────────────────┐
     │ 老人大学・学習講座・研修・カルチャーセンター等々 │
     │   100％の人が1つ以上の講座を経験している     │
     └─────────────────────────────────────────┘
                        ↓
                  ┌──────────┐
                  │ 仲間作り │
                  └──────────┘
                        ↓
                  ┌──────────────┐
                  │ 社会参加活動 │
                  └──────────────┘
```

図Ⅰ-27　社会参加活動への流れ

て何をよいと評価しているのかについて尋ねてみますと，まず第1は「トライしようとして新しいことに挑戦している自分」「これから挑戦するものがある自分」に対してうれしいというようなことをいわれます。第2は，退職前はお金のため，家族のために仕事をしていたが，退職後は何かのためではなく，やっていることそれ自体が非常に楽しいということです。さらに第3はトライしたことに対して，まわりから，「ほんとうにいいことをしていただいて」とか「ありがとう」というような社会的評価を受けるということです。そのような大きくいうと3つが自分への評価というものをもたらしてくれるといっておられます。これらは，ボランティア活動でいう，「自発性」「無償性」「公共性」といういわゆる3本柱をまさに体験されているといえます（図Ⅰ-28参照）。

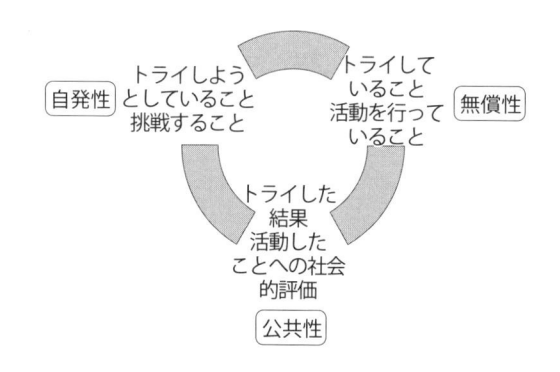

図 I-28　社会活動へのイノベーターの評価

❋高齢者ボランティアの意識調査

　大阪府ではシルバーアドバイザー養成講座というものが18年前から開設されているのですが，この講座は積極的に社会参加活動を行う高齢者を養成するために開かれています。1年間の講座修了後は社会参加動機が大変高まります。しかし，動機は高めたけれど高まった人たちを受け入れてくれる機関というものがあるのかどうか，あるいは斡旋している機関ではきちんと斡旋してくれているのだろうか，ということが気になりますので調査を行いました。

　大阪府のシルバーアドバイザー養成講座といいますのは，高齢者ボランティアの養成ということで，養成期間は1年間，週1回，280名の人が世代間交流あるいは国際交流，福祉ボランティア，あるいは地域活動コーディネーターのような役割ができるようにということで，大阪府の地域福祉推進財団が展開している事業です。費用は無料です。

　そこで学んだ人たちは高い動機づけを持つようになると先ほど申しましたが，その証拠を見てみましょう。図 I-29 は，内閣府が昭和55年以来調査をしている項目（「高齢者の生活と意識に関する国際比較調査」）ですが，すべての項目について全国レベルでは5割を超えるということ

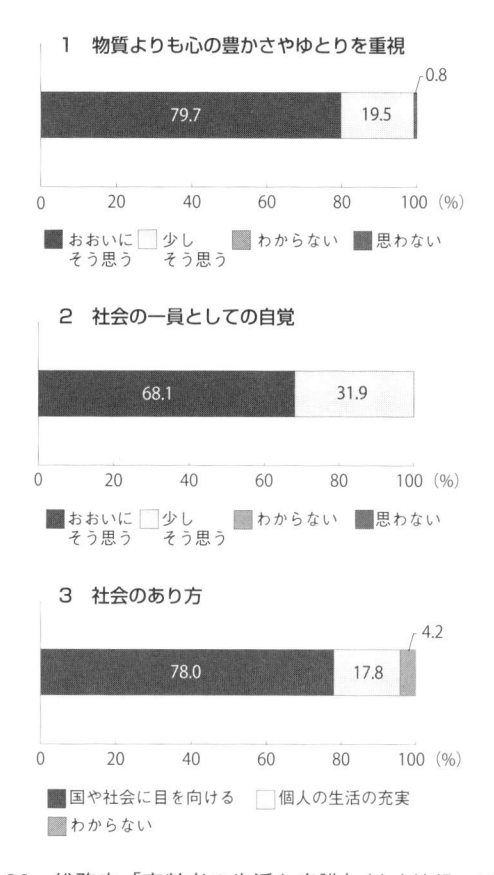

1 物質よりも心の豊かさやゆとりを重視

おおいにそう思う 79.7 / 少しそう思う 19.5 / わからない・思わない 0.8

2 社会の一員としての自覚

おおいにそう思う 68.1 / 少しそう思う 31.9

3 社会のあり方

国や社会に目を向ける 78.0 / 個人の生活の充実 17.8 / わからない 4.2

図Ⅰ-29　総務庁「高齢者の生活と意識」（中央法規，1997年）

はありませんでした。しかし，シルバーアドバイザー養成講座の卒業生はすべての項目で7割を超えており，非常に動機づけが高まっているということがわかっていただけると思います。

ではその方たちがどういうところでボランティアの取り組み実践をされているのかというと，卒業後80％の人たちがボランティア活動を実践されています。主な活動分野は，社会福祉活動が1番で，2番目が自然・環境保護あるいはスポーツ・文化活動，それから青少年の健全育成

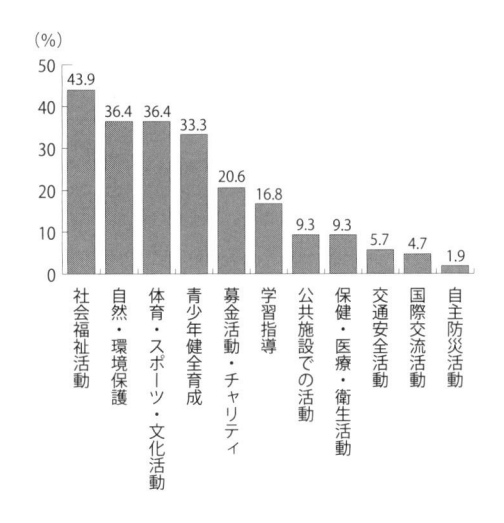

```
(%)
50  43.9
40       36.4  36.4
                    33.3
30
20                        20.6
                               16.8
10                                  9.3  9.3
                                            5.7  4.7
                                                    1.9
 0
   社  自  体  青  募  学  公  保  交  国  自
   会  然  育  少  金  習  共  健  通  際  主
   福  ・  ・  年  活  指  施  ・  安  交  防
   祉  環  ス  健  動  導  設  医  全  流  災
   活  境  ポ  全  ・      で  療  活  活  活
   動  保  ー  育  チ      の  ・  動  動  動
       護  ツ  成  ャ      活  衛
           ・      リ      動  生
           文      テ          活
           化      ィ          動
           活
           動
```

図 I-30　ボランティア活動への取り組み実態

が 4 本柱として非常に大きな活動分野といえます（図 I-30 参照）。

　次に，主に社会福祉活動の場面で，高齢者の人たちがボランティア活動を拡大・展開していくためには何が足りないのか，ということについて尋ねますと，「どこで活動ができるのか」という受け入れ機関についての情報提供をしてほしい，あるいはコーディネーターの養成をしてどこに誰が行けばよいのかを橋渡ししてくれる人を必要としていること，あるいは研究・学習機会をもっと作ってもらって，困った時にすぐ研修，あるいは学習できるようなそういう機関がほしいと言っておられます（図 I-31 参照）。

　具体的には，ボランティアを橋渡ししてくれるような機関，情報提供がないために右往左往している，せっかく動機が高まっているのにどこに行けばいいのかわからなくて，右往左往している現状が明らかになり，ボランティアの相談所のようなものの設置が求められていました。

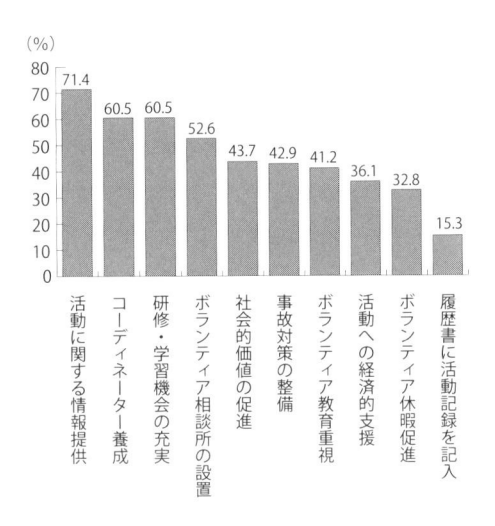

高齢者の社会活動推進に向けて | 67

(%)
- 活動に関する情報提供: 71.4
- コーディネーター養成: 60.5
- 研修・学習機会の充実: 60.5
- ボランティア相談所の設置: 52.6
- 社会的価値の促進: 43.7
- 事故対策の整備: 42.9
- ボランティア教育重視: 41.2
- 活動への経済的支援: 36.1
- ボランティア休暇促進: 32.8
- 履歴書に活動記録を記入: 15.3

図 I-31　ボランティア活動を拡大していく条件

※高齢者ボランティアの実態

　そこで，社会福祉施設におけるボランティアの受け入れ調査ということで，大阪府下の高齢者・障害者・児童福祉施設の372施設において，高齢者ボランティアの受け入れ実態について郵送調査を行いました。

　その結果，社会福祉関係の施設では，8割の施設がボランティアを受け入れているということが明らかになりました（図I-32参照）。ではそのなかで高齢者のボランティアはどの程度受け入れられているのかというと，受け入れ施設のなかで8割，全体では約6割程度が高齢者のボランティアを受け入れているということになります。ただしこのようなアンケートを返してくれたのはボランティアの受け入れに積極的な施設と推測できますので，最大見積もって6割くらいが受け入れているとして，それ以下が実態だとこの数字は読んだほうがいいと思っています。

ボランティアの受け入れ

受け入れている 81.8 / 受け入れていない 18.2

高齢者ボランティアの受け入れ

受け入れている 83.7 / 受け入れていない 14.8

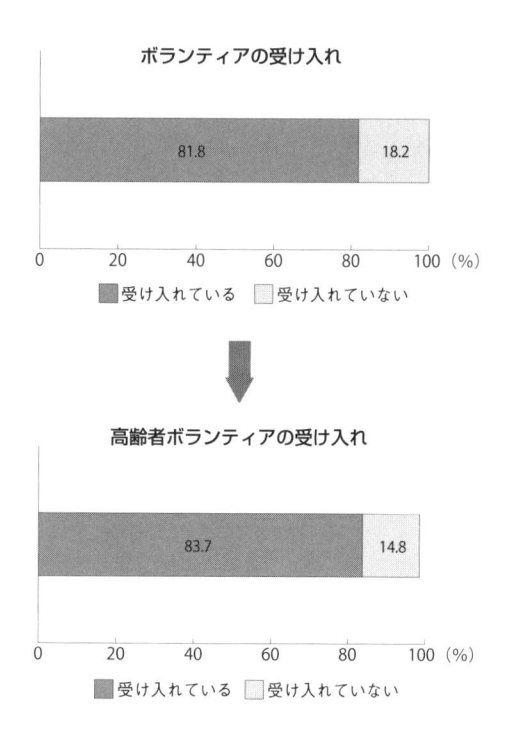

図I-32　大阪府下社会福祉施設のボランティアの受け入れ

　次に，高齢者ボランティアの方にやってもらう活動内容は，「高齢者向きである活動なのか」「高齢者でも若い人でも学生でも誰でもできる活動なのか」「高齢者にはちょっと無理な活動なのか」について尋ねたところ，「高齢者向きである」という活動が4分の1あります。そして，残りの6割は「どちらでもよい」，つまりほとんどの活動が高齢者がかかわれる可能性があると推測できます。さらに「評価」ですが，一般のボランティアと高齢者ボランティアを比較すると，数字上は高齢者のほうが若干低くなっていますが統計的に有意差はありませんでした（図I-33参照）。さらに，施設側は高齢者のボランティアをどういうふうに位置づけているかということですけれども，これは高齢者にとって生き

ボランティアでやってもらっていること

| | 25 | 63 | 12 |

0　　20　　40　　60　　80　　100（％）

■高齢者向きである　□どちらでもよい　■高齢者には無理

ボランティアへの評価

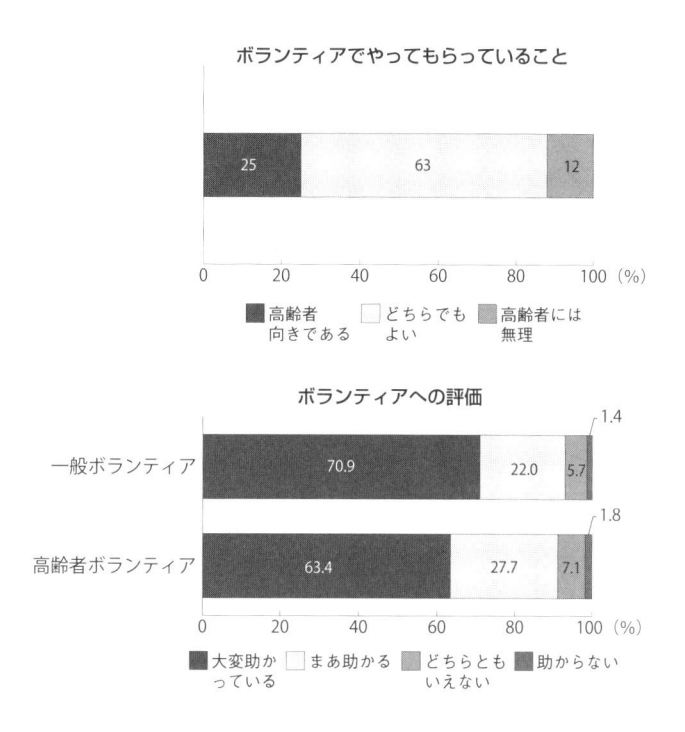

一般ボランティア：70.9 ／ 22.0 ／ 5.7 ／ 1.4
高齢者ボランティア：63.4 ／ 27.7 ／ 7.1 ／ 1.8

0　　20　　40　　60　　80　　100（％）

■大変助かっている　□まあ助かる　■どちらともいえない　■助からない

図I-33　ボランティアの活動内容と評価

がいであるという評価が多く，私たちからみて，高齢者にとって，経験が生かせるとか，知識が役に立つとかという評価はありませんでした（図I-34参照）。施設側は高齢者の生きがいになるんだったらという，いわば施設側が高齢者にボランティアをしているような受け入れ態度の傾向がアンケートのなかから読み取れました。

　さらに，高齢者の人たちのボランティア活動への動機を高めたけれども，それを必要としているところに紹介する斡旋機関というものがほしいということをいっておられましたので，斡旋機関，いわゆるボランティア活動のハローワーク的な存在がどういうような形で展開されているのかという実態を知るために，大阪府下にある社会福祉協議会ボランティ

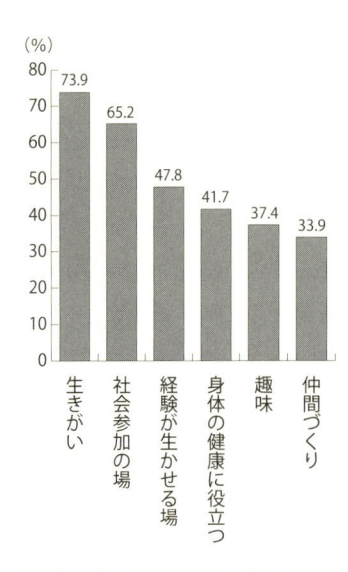

棒グラフ:
- 生きがい: 73.9
- 社会参加の場: 65.2
- 経験が生かせる場: 47.8
- 身体の健康に役立つ: 41.7
- 趣味: 37.4
- 仲間づくり: 33.9

図Ⅰ-34　高齢者ボランティア活動の位置づけ（施設側の評価）

アビューローや在宅介護支援センターなどに郵送調査を行いました。

　その結果，ボランティア紹介所にくる依頼のなかで，年齢にこだわりをもって，例えば「高齢者に来てほしい」「若い人に来てほしい」という形での依頼があるのかどうか尋ねてみました。普通，ハローワークでの求人には年齢制限が必ずあります。ボランティアの求人にも，エイジズム（年齢差別）があるのかどうかです。結果は，「年齢にこだわりはない」が76.2％，「若い人をよこしてください，高齢者はやめてください」というような紹介依頼がくるのは2割ということで，「高齢者をよこしてください」というふうに指名が来るのは2％くらいということでした（図Ⅰ-35参照）。「年齢にこだわらない」ということから高齢者の活動可能性を考えますと，78％，8割弱くらいは高齢者が活動することに対しての否定的な反応はないということになります。しかし2割のところで高齢者は困るというような反応がありました。

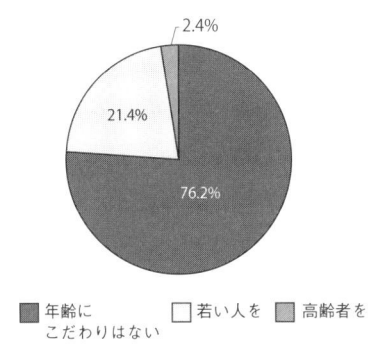

高齢者の社会活動推進に向けて 71

図I-35　ボランティア紹介依頼の条件：年齢にこだわりがあるのか？

　また，高齢者の方たちがやりたくないといわれる活動についての回答は「障子の張り替え」「施設管理」「日常的な洗濯」「トイレの掃除」「駐車場管理」などがあげられています。他方，高齢者の人たちが具体的にどんな活動をしたいと思っておられるのかといいますと，「話し相手」「自分が持っている趣味だとか学習の能力を指導したい」「お誕生会とか盆踊りとか，そういうイベントに参加してスタッフとしてやりたい」「健康づくり体操を指導する」ということがあげられています。結果から推測できますことは，高齢者の方たちは先ほどの「知」の部分を媒介にした輪が，職場を離れることによってなくなるといいましたが，その代替物として「知」を媒介にした対人関係活動を望んでおり，勤労奉仕的な労働だけを提供して役に立つというようなものはあまり望んでいないことがわかります。すなわち，知的なものを媒介にして仲間関係が築けるような社会参加活動というものの展開が高齢者にとって期待としてあるということがわかりました。

❋正円モデルから楕円モデルへ

　最後になりますけれど，私たちが住みよい環境のあり方を考える時に，

モダン
エイジズム
正円（中心1つ）

ポストモダン
プロダクティブ・エイジング
楕円（焦点2つ）

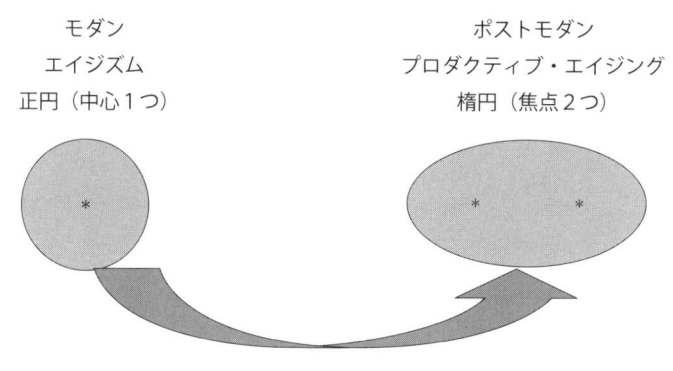

図Ⅰ-36　住みよい環境のあり方

　高齢者を取り巻く環境というのは，1970年代から1980年代まで，つまり高齢者の人口がまだ少なかった時代は，つまり高齢者をどこかに集めて，十把一絡げに面倒を見ましょうということがまだ可能であった時代は，高齢者からみれば高齢者の主体性は無視されたいわば「エイジズム」の社会であったといえます。「エイジズム」はどういうところから生まれてくるのかといいますと，はじめに桜井先生がおっしゃいましたように，社会の価値観の変容ということと重なる部分があります。

　現代社会すなわち，モダン社会は，中心部（図Ⅰ-36参照）つまりここでは生産財にかかわる仕事をする人だけが中心で価値があり，仕事のできない人だとか，仕事をする人に従属している人は中心から外し差別する対象としておかれていた時代であるといえます。図で表すと正円モデルとなります（図Ⅰ-36参照）。中心が1つ，生産性にかかわる人だけが価値があるという時代から，高齢社会，超高齢社会は楕円モデルとして考えるべきなのではないかと私は考えています。楕円は，焦点が2つあって，2つの焦点からの距離を円周に向かってAとBとすると，A＋Bが一定の軌跡が楕円です。楕円モデル，つまり高齢者も障害者もみんな同じ1つの社会を作り上げて，生産性にかかわる人だけが中心に

なる社会ではないというのがポストモダンの社会だと考えています（図Ⅰ-36参照）。例えば高齢者に注目すればお金を稼ぐプロダクティビティも大事だが，お金は得ないけれど社会に貢献していくようなそういう2つの価値観を持った人生の存在も価値を持っている社会を創りだそうとしているのがポストモダンな社会ではないかと考えております。

　先ほど，桜井先生が言われたように，早いものにも価値があると思いますが，ゆっくり行くのも価値がある。そういう2つの価値観の存在を相互に認め合える社会，それを認めていかないと，特に高齢者が20％を占め，これから50年後には最大36％になるといわれていますので，そういう社会のなかで20％を排除し支えていくという考え方では，社会は成り立っていかなくなります。私は，プロダクティブ・エイジングを提唱したいのですが，それは，高齢者もこの社会の構成員であり，社会のプロダクティビティにかかわっていく存在であること。ただし，プロダクティビティは財を得るものだけではなく，サービスとして社会に貢献するボランティア活動も含まれ，両者とも優劣をつけない考え方です。

　結論からいうと，高齢者への学習の場の提供によって，学習の場を媒介にして高齢者の新しい人間関係を構築し，自分たちの生き方というものを高齢者が創造していくことを提唱することです。今日の社会福祉施設や斡旋機関の調査をみますと，高齢者をまだまだ旧来の考え方で，積極的に受け入れようとするところまでいっていません。そのような機関への啓発としても，プロダクティブなことを行っている高齢者をアピールする機会が必要であると考えます。そして，高齢社会・超高齢社会がそんなに暗い社会ではなく，年を取ることもよいモノだと思える社会体制を作ることに社会心理学が少しでも寄与できればと思います。大阪は高齢化率が17％で沖縄に比べると1％だけ先輩だということで，大阪の

活動情報が何かのお役に立てればと思いまして，この話をさせていただきました。どうもご清聴ありがとうございました。

ディスカッション ―指定討論者及びフロアとの質疑応答―

司会者
國吉和子
(沖縄大学教授)

　それでは先ほど4名の先生にお話ししていただいたんですけれども，これから，指定討論者のお2人の先生，岩田先生と金城先生にコメントをしていただきます。よろしくお願いいたします。では岩田先生の方からよろしくお願いいたします。

指定討論者
岩田　紀
(大阪樟蔭女子大学教授)

　まず，それでは桜井先生のご発表に関してですけれども，沖縄の海・陸の環境破壊がかなり進行しているということがわかりまして，驚いたわけですけれども，地球温暖化が進行していった場合，100％砂浜が消失する。これは手痛いんじゃないかと思います。地球温暖化に関しては，一般にマス・メディアがいっているような影響はいろいろと論議されておりますけれども，ある専門誌で温暖化がどの程度進行すれば，暴力行為がどの程度増えていくかという予測をアメリカの研究者がやっておりました。そのデータによりますと，やはり温暖化が進行した場合にはかなり暴力行為が増えていくようです。対人間のトラブルがかなり増えていく可能性があるというのは，われわれ社会心理学をやっている者にとっては非常に関心のあることではないかと思います。暴力行為が増えるということはどのようなことかといいますと，沖縄に伝統的にみられる共同体というものが薄れていくんではないか，あるいは相互扶助の傾向が薄れていくんではないか，そういうふうに，沖縄では影響があるのではないかというような感じがいたします。

　それから，沖縄の宝ということをおっしゃいましたけれども，それをいっぺんに食いつぶしてしまいますと，何も残らない，

つまり誰も来ないただの海岸とか海とか島になる。そこで，持続可能なとおっしゃいましたけれども，持続可能な発展ということを考えた場合には，まだ自然環境がいい状態のうちに早く手を打つということが非常に大事になってくる。つまり，これからの沖縄にとっては何を最優先するべきかというと，やはり自然環境の保全を最優先してやっていかなければならない，ということになると思うんです。でもこれは放っておいたのではダメですね。県がかなり強力なリーダーシップを取って，開発と観光客の出入りまでも規制しなければいけない。アメリカの国立公園のなかには，公園の入場者を制限している所もある。それは顧客満足度を高めるということと，それから観光資源を守るという両方の意味合いがあります。ですから，やはり県のリーダーシップは大事ではないかという感じがするわけです。そこで1つおうかがいしたいことは，沖縄県というのはそういうことをお考えになって何か手を打っていらっしゃるのかどうか。それから，環境に大きな負荷をかけないライフスタイルというものを提唱していらっしゃいますが，それはすごくもっともなことでして，実は私自身も6，7年前から同じような形で質素さ指向ライフスタイルというようなものを研究しております。つまりできるだけ質素な生活をしようということです。それは環境保全のためのみならず，これからの日本は収入がそれほど増える時代ではありません。むしろ高負担の時代というようにいわれます。そういう時代にふさわしいライフスタイルというのはこれしかない，ということで質素さ指向ライフスタイルということを5，6年研究しているわけです。そういう研究のなかで，実は「将来世代のための地球環境に関する懸念」という変数を導入しているんです。「将来世代のための地球環境に関する懸念」というものは，質素さ指向のライフスタイルと密接な関係があります。さらに，実際に日常どの程度環境保全

に寄与する行動をとっているかということとも密接な関係がある。ということでやはり，将来世代というものを思いやる視点は，環境教育では特に重要ではないかという感じがしております。ともかく，環境に大きな負荷をかけないライフスタイルの確立は非常に重要であるわけなんですけれども，もし先生が何かいい方法があるというものがございましたら，解説していただきたいと思うわけです。

　それから，中村先生のご発表に関してですけれども，飲酒運転であるとか無免許運転を含むいくつかの指標で，とにかくそれが沖縄は悪いという結果だったということで，それは非常に私には驚きでした。そういう規範意識が低いといいますか，法遵守意識が低いといいますか，それは子どもの教育環境にとっては望ましくないというのは確かなんですけれども，人間の行動というものを考えた場合に，かなり状況に影響を受けることが多い。特にまわりの人がどんな行動をとっているかに影響されることが多い。ということで，規範行動というのは非常に大事なんですけれども，そういう点でいきますと，先生が取り上げられた指標以外で，子どもたちが日常頻繁に体験するような事態について，規範に関することでもいいし，行動に関することでもいいのですが，実際にどうなっているのか，そのへんが沖縄は本当に悪いのか，そういう資料でもあればお教えいただきたいと思います。それから先生は沖縄の大人社会の問題というものをまとめて，それからそういった問題の解決のための提案をされておりまして，すごくもっともだというふうに認識しておりますけれども，これらをどういうふうにやっていくのか，しかも並行してやらなければいけないとなると非常に大変な問題だなと，半ば絶望的な気持ちにならざるを得ないようなことがあるわけです。ともかくそのなかで引用されておりました，子どもにはたらきかけて，子どもから再び家庭へはたらきかけ

る。そして地域社会へはたらきかける。これはすごく重要な視点ではないかと思います。そういう事例報告というのは実はあまりないんじゃないかと思います。そういう事例を蓄積することによって，かなりいい効果がさまざまな方面に期待できるのではないかと思います。まあともかく，規範の内在化というのは非常に難しい問題ではあります。

　それから，先ほどの桜井先生に関してもう1つ，スローライフという話をなさいましたけれども，これに関しては，世界で一番生活スピードの速い国が日本であります。その上に援助行動に関する研究結果では，緊急事態では援助の提供が抑制されるというデータがあります。それをあわせて考えると，日本のように世界で一番生活テンポの速い国は冷たい人ばかりが増えてくる。ということで，はたして沖縄の人がそれを好まれるかどうかによって選択肢が決まってこようかと思います。以上です。

國吉　ありがとうございました。それでは金城先生にコメントをお願いします。

指定討論者　金城　亮（名桜大学助教授）　私は，大城先生と藤田先生のご報告に関してコメントと質問をぶつけたいと思っております。はじめに大城先生のご報告に関してですが，これは研究者というより，普天間基地の移設先として取り沙汰されている名護市の辺野古というところがございますけれども，私の住んでいるのがその名護ということで，名護市民の立場でコメントさせていただければと思います。皆さんよくご存知かと思いますが，名護市辺野古沖への普天間基地の代替施設の建設について，その是非を問う市民投票というのが1997年の12月に行われました。そのときには条件付き賛成と条件付き反対という選択肢も設けられて，これは選択肢と

しては独立性を持たないおかしな形だったわけですが，結果的には反対が51.6％という結果で「反対」が過半数であったわけです。それにもかかわらず市長は受け入れ表明をされました。結果的に代替施設が建設されることになり，その後の展開があります。その受け入れ表明以降の北部振興策ということで，さまざまな形の資金投下が行われているわけなんですが，その振興策では10年間で1千億円ということがいわれておりました。近年，国立高専ですとか，それから私の勤めております名桜大学にも，昨年，生涯学習推進センターという施設が15億円をかけて建設されました。これらはいずれも地域振興策ということで，基地移設とは独立して関係ないものといわれていますが，（現実には）基地の受け入れの見返りという形で行われている振興策だと思います。

　そういう形で，確かに名護市への振興策がされているわけですが，名護市民の本音としましては，2つの本音というのがあるのではないかと思います。1つには，NIMBYという概念がございます。これはNot in my back yardという言葉の頭文字を取ったものとして使われている造語なんですが，意味としては「うちの裏庭にはやめて」という意味合いがあります。例えば，し尿処理施設ですとか，ごみの最終処分場ですとか，最近では原子力発電所の建設ですとか，社会的には意義があって，みんなの生きるためには必要なものなんだけれども，環境汚染などの危険性を伴う施設はうちの側には作らないでください，というような住民感情を示す概念として使われています。基地の問題を公共財というか，ごみ処理施設なんかと一緒に扱っては不謹慎かもしれませんし，不適切なのかもしれませんが，少なくとも基地の建設が，あるいは移設が取り沙汰されている市町村の住民としては，こういう気持ちを抱かざるを得ない。つまり，普天間基地の危険性ですとか，移設の必要性というのは

理解しますし，それが早急に必要だとは思うんだけれども，だからといって，それをうちの庭先につくらないでください，という気持ちがございます。私自身も市民投票の際には，子を持つ親として反対票を投じました。一方で，基地建設と連動した北部振興策というのはそれなりに魅力的なものがあります。それによって地域経済の活性化ですとか生活の利便性が向上するというようなことも魅力としてある。結局，辺野古への基地建設は嫌だが，それについてくる振興策は欲しい，ということで社会的なジレンマに置かれているといえます。それで結果的には市民を二分する，賛成派と反対派に二分するような状況ができまして，その葛藤は現在まで続いています。

　ただ一方で最近の状況をみますと，市民生活では，すでに名護にはキャンプシュワブとか基地もございますし，辺野古でもボーリング調査が進んでいるんですが，普通の市民生活を送っているうえでは，基地があるとか，建設中であるということに対する懸念は比較的希薄でして，これは名護市に限らず沖縄県全体にもそういうような状況があると思います。というのは，先頃，沖縄国際大学にヘリコプターが墜落するという事故が起こりましたけれども，その後の反応というのが，1995年の県民総決起大会という形で盛り上がった時の反応と比べますと，若干弱いというか鈍いという感覚があります。先ほど大城先生のご報告のなかで無関心層の増加ということを指摘しておられました。（名護では）ひょっとしたら米軍の再編の結果，辺野古に基地を作らなくてもいいかもしれない，白紙撤回されるかもしれない，ということが噂されたときに，逆に慌てるといいますか，そういう状況がありました。つまり基地の建設を前提として考えていることが，それがなくなってしまうと基地関連収入とか，雇用とか振興策はどうなってしまうんだということで，漠とした不安を喚起されるということがありました。無関心層

というのは，大城先生の分析では無気力な状態に置かれているんではないかということがございましたけれども，むしろ先が見えないことからの不安が強いのではないかという気がいたします。

　そこで，もちろん基地の整理縮小あるいは移設が望ましいのですが，そういう世論形成をしていく場合に，2つの課題があると思います。1つは基地の周辺住民，実際に騒音とかの被害を直接的に受けている方々だけではなくて，県民全体や国民全体に基地が存在することによる危機感ですとか，そのことのデメリット，あるいは整理縮小することの必要性についての共感といいますか，我が事として考えられるような機会といいますか，そういうものを喚起するには，どういう形ではたらきかけたらいいかという点です。それから2つ目には実際に基地がなくなった後，われわれの願いが実現して基地が撤去された後の経済政策や生活上のメリットというものをできるだけ強調すること。つまり基地がないことで経済が没落してしまうとか，生活が貧しくなってしまうということに対する不安というものをどうやって減少させるのかということも重要な問題ではないかと思います。データのなかで，まず基地を撤廃してから平和の産業振興という質問項目がありましたけれども，それではまずうまくいかないのではないかと思います。むしろ今の「基地＋補助金」ということよりももっといい選択肢，基地がなくなることによって，こういう良い選択肢が出てくるというようなこと，経済的にもメリットが多い，そういうビジョンといいますか，それをどれだけ提示できるかということで，基地撤廃という方向での世論形成ができるのではないかと思います。この2つの点についてご説明とご回答をいただければと思います。

　それから藤田先生のご報告ですけれども，3つの「ち」というモデル，大変興味深く拝見させていただきました。職場のよ

うな知の集合体というものが，学習集団を経て社会参加型の集団に変遷していくというプロセスを鮮やかに描いていらっしゃいまして，非常に興味深かったわけなんですけれども，そこで扱われております高齢者というのが，藤田先生がご本でもお書きになっていらっしゃる前期高齢者，つまりだいたい75歳ごろまでの健康で時間に余裕があって経済的にも豊かで，社会活動への参加意欲が高い高齢者層，というのが今回の報告のなかで扱われていたかと思います。そこには介護を必要とする人としての高齢者というイメージはなくて，むしろ積極的に介護をする側に回っていらっしゃる方の姿というのが描かれていたと思うんです。ただ，高齢者の社会参加活動の形態としましては，先生が今日報告されていたボランティアという社会活動のほかにも，実際に対価，報酬を得る，就労としての，つまり労働力としての位置づけですとか，それから家族のなかで家族の一員として家事や子育てに貢献するという形での社会参加というものもあり得るのではないかと思いました。いずれにしても，高齢者の社会参加によって得られるものというのは，先ほど藤田先生がご紹介されていたような，豊かな人的交流というものと，社会に貢献しているという実感から生じる生きがいというものだと思うんですが，そういった意味では，第二の就職といいますか，高齢の方の労働力としての働き方ですとか，家族のなかでの位置づけということも，それを通して人的交流や生きがいを見つけていくということが可能かと思います。その点について，つまり，1つ目にはいわゆる老人力といいますか，労働力の資源として産業構造や社会構造のなかに高齢者をどのように位置づけていくかということ。それから2つ目に，高齢者の家族，家庭における役割の変化といいますか，位置づけといいますか，家族形態の変容を含めての変化があるのかどうかということに関して，お話を詳しくうかがえればと思っております。以上で

す。

國吉　　　今2人の先生からコメントをいただきました。それぞれの指定討論の先生方の質問に対する答えとして先生方からおうかがいしたいと思います。では桜井先生からお願いいたします。

桜井国俊　　時間が非常に限られていますので，フロアからいただいた質
(沖縄大学学長)　問を交えながら簡単にお答えしたいと思います。岩田先生からご指摘があった，観光客の数のコントロールをしているのかどうか，ということですが，沖縄県は500万を超える観光客が現在入っているわけですが，当面650万をめざす，長期的には1000万をめざすということで量的拡大をめざしておりまして，これは沖縄にとっては明らかに自殺行為だと思っております。これだけ入れて自然に対するストレスが高まる一方，沖縄の地元に落ちるものはほとんどない。9.11以降沖縄では観光客は一度減ったあと，戻っておりますけれども，ほとんど地元は利益を得ないような構造になっております。こういう構造を変えることが先であって，構造をそのままで数を増やすというのは自殺行為以外の何物でもないと思います。そう意味では私は県の観光政策というものは大幅に見直しが必要だと思っております。

　　　　　　それから，負担をかけないライフスタイルの例があれば，ということですが，フロアの武蔵野大学の林先生からのご質問，「補助金がなくなったらどうなるんだ」ということで，大城先生も私も，「基地の見返りとしてくる高率補助金，これは止める方向でいかなければならん，これにいつまでも引きずられるとまずい」といっているようだけれども，というご指摘がありました。実は沖縄に来る補助金というのは，日本全国どこでもそうなんですけれども，例えば国土交通省で北海道から沖縄ま

で一律の設計基準があって，それに従わなければでない，というような代物なんです。これは強度に中央集権的なもので，沖縄の風土に合っているか，合っていないか，そんなことは関係ないんです。ですからこういう補助金は沖縄の環境を破壊してきたわけです。例えば，33年間，7兆円を超える補助金が来ているわけです。これは沖縄の風土にあった形で使うようにはなっていないんです。霞ヶ関で決めた設計基準でなければ使えない。こういう補助金の構造を変えていくことが非常に重要だと思います。例えば，沖縄でどんどん観光客を増やしますと，ダムが必要になります。しかしそのためのダムを作る，やんばるにダムを作るのではなくて，その同じお金を例えば那覇で雨水をためる，雨水を各公共施設にためる，各家庭にためる，それに補助金をつけるということになると，これは地震がきてもパイプは断ち切られません。やんばるにダムを作る必要はない。まちで雨水を利用できるということになるかは，補助金をどう使うのかによって違ってきます。しかもダムはヤマトの建設会社にしかできない。しかし貯水タンクであれば，地元の小さな工務店でもできる。私は補助金の額だけではなくて，補助金の使い方も重要だと思っています。

　あと1点，フロアからのご質問で，スローライフを主張されているようだけれども，ということで沖縄国際大学の山内さんから「しかしながら沖縄ではスローライフよりファーストフードの店がどんどん増えてきて，そちらのスタイルに染まりつつあるように思われるが」というコメントがありましたけれども，私もまったくそのように思います。このファーストフードにはアメリカ文化の影響があると思いますが，それと車，これが肥満を招いて，男性は残念ながらもう長寿ではないわけですね。10年前は47都道府県のなかでナンバー1だったものが5年前にはそれが4位に落ちて，今は26位に落ちている。沖縄の1

つの売りは，われわれは健康だ，健康な島だということです。これはわれわれ自身にとってもプラスなんですが，観光にとってもプラスであることを考えると，やはり生活を見直していく，ファーストフードとか車を見直していくということはわれわれ自身にとっても大事だし，沖縄のイメージにとっても大事だと思います。そのあたりをどう進めていったらいいのか，ということの戦略を山内さんは問われていると思うんですが，これは大変時間のかかる議論ですので，別途議論するということで次の回答者に譲りたいと思います。

國吉　　　　　ありがとうございました。それでは大城先生お願いします。

大城宜武
(キリスト教学院大学教授)　　金城先生からのコメントありがとうございました。1つは基地周辺の住民以外にいかにしてこんなにも重大なことなんだ，ということを知らせていくかといった質問だったと思います。これに関しては先ほど話をしましたように，日本全国の約500倍の基地負担を受けている，しかも面積的には全国の0.6％しかないのに，基地は75％あるということですが，結局，座り位置がないということで，これを知らせていくのは至難のわざであるというふうに考えます。県のほうでは稲嶺知事があちこちでそういうセールスで基地問題を訴えているようですが，そのような問題として地道に訴えていくしかないと考えます。もう1つは，いかにしてポスト基地，基地がなくてもやっていけるかというヴィジョンを打ち立てるかということなんですが，これも非常に至難のわざではあるんですが，具体的な例としましては，例えば，美浜の商業タウンが形成されましたね。あれは基地から来る利益の10倍くらいの利益を上げているそうです。そういうような例がありますので，基地はまずいことなんだということで1つの回答になるんじゃないかと思います。

それから，フロアから2つばかり質問が出ておりますが，桜井先生と似たような話なんですが，補助金をもしなくすとしたらどうなるかという話なんですが，私は特に基地関連の補助金に関しましては，逆累進制の基地補助金の支払方法，例えば，今1億もらっていたらその10分の1くらいにしてしまうとか，今100万だったら95万にするとか，というふうにして，逆累進的に補助金を徐々に減らしていくということを考えております。一気に減らしていくのは確かに大変なことです。復帰時点の全収入の15％から5％には落ちたわけですけれども，額としては1000億円くらいあるわけですから，一気に減らすというのは現実的な問題では当然ないわけです。ですから逆累進的に減らしていく，あるいは税金でとることもできるかもしれません。ある意味では不労所得ですから，特に軍用地料などは，高い税率をかけてもいいんじゃないかと考えております。もう1つのセリグマンの犬的状況に関しましては，これは沖縄だけじゃなくて全国的な問題だと思うんです。一般的な生活のなかでの状況，特に沖縄に関して，特に基地に関しては，いろいろな事件が起きておりますが，そのつど適当にごまかされて，ワーッと盛り上がってぱっと下火になって，そしてまた新しい事件が起こってということを繰り返して，結局反対運動自体が無意味なんだというようなことになっています。先ほどの金城先生の名護市の件でいえば，今辺野古ではそれこそ命をかけた反対運動が行われております。工事をする人たちが船でやってくる。それに飛び込んで本当に命をかけて反対運動をやっています。そのようなことでやはり辺野古の海の今の反対闘争は1つの希望になると思います。それからもう1つ「米軍に関する問題の1つに沖縄市や金武町の繁華街での事件がありますが，その対応策は，また，繁華街は残すべきかどうか教えてください」ということですが，繁華街ということに関しましては商業経済活動

ですので，残すべきかどうかという問題は別の次元ではないかと思います。まあ極端にいえば，どちらでもいいのではないかということです。問題は犯罪のほうにありまして，米軍人軍属関係の犯罪があります。これは今までは安保条約の関連で地位協定というのがありました。この地位協定によって無法なことがずいぶん行われているわけです。この無法性を改善する方向で，犯罪者は犯罪者ということで，軍人であろうがなんであろうがすべて逮捕できるようにする，そういうふうなそれこそ日本政府と外務省が本腰をいれて日本人の人権を守るという強い姿勢がぜひ必要だと考えております。では，次の方にマイクを渡します。

國吉　　　では中村先生，お願いします。

中村　完
（琉球大学教授）　岩田先生から大きく2つの質問があったかと思います。1つは今日私が取り上げた指標以外に，子どもとかかわる問題のある規範的な行動があるのか，ということをお尋ねかと思います。私が取り上げたインデックスはそれぞれ客観的な資料というのか，20年近く蓄積されている資料で，客観性がある程度あるだろうということで選んだわけです。それ以外に子どもの日常における体験や行動に関する指標として，私の観察を通した，結局個人の観察に基づいたものなんですが，今，沖縄の親と子どもとの関係で心配していること，あるいは今後も増えそうだと思われる子どもの行動に関する心配事として，2点ほどあるかと思います。1点目は子どもの主体性や自主性を奪うような登校・下校時の親の車での送り迎えの現象があります。例えば，0.8キロ，0.5キロくらいの距離でもほとんどの親が子どもを送っていきます。そうすることによって，子どもの主体性，自主性は奪われ，逆に依存的な行動が身につきやすくなると考えられま

す。ちょっとした距離でも親の車を利用して歩こうとしなくなる。ですから桜井先生がおっしゃったように車社会を見直す必要性がこの辺にもあるんじゃないかと思われます。自分で判断して自分で行動するような体験が足りないのではないかと思います。歩くことによって，交通ルールとか生活習慣を身につけて，また家庭のいろいろなルールもよい方向に形成されたりすると思うんですね。そういう意味で子どもへの過剰なサービスが子どもにいろいろなマイナスの影響を及ぼすんじゃないか，ルールの形成にもマイナスではないかと思われます。

　それからもう1点は，沖縄は居酒屋だとか夜型の事業所などが多いのです。九州地区において事業所件数では福岡県が一番多いんですが，人口比では沖縄県が一番多いんです。ですから，そういう居酒屋とか夜型の社会環境があって，大人は子どもをつれて近くの居酒屋に行くという情景が多く見られます。これも奇異な現象だと思うんですね。大人の時間サイクルで子どもまでつきあわされる。そして外食や飲酒の生活習慣を身近に感じてしまいます。それは学習していく可能性が十分あると思います。このような生活形態で子どもが適切に時間を守れなくなるとか，あるいは子どものいろんな生活習慣に乱れが生じるのかなあという感じがします。ところで，全国との比較において沖縄の少年の不良行為の特徴的なものは，飲酒がらみの非行が数倍多いということです。それから少年の深夜徘徊，これも九州地区で沖縄が異常に多いんですね。そういったことで，このような子どもの行動に影響を及ぼしていると思われる大人自身の生活習慣を改善する必要があると思います。

　それから，もう1点は規範の内在化のことでしたが，とてもこれは難しい課題だというような気がします。しかし，ご存知のように，非常に親密度の高いメンバーであるとか，あるいは互いにすごく尊敬しあっているメンバーとか，そういった集団

での意見表明や意思統一が規範形成には非常に効果があるということがいわれています。沖縄には凝集性の高い集団が多く存在するといったよさを生かして，時間はかかると思うんですが，メンバーの規範の形成や内在化へはたらきかけるという方向で試みる必要があると思います。そのほか，いろいろな解決法があるのではないかと思いますが，特定の課題に合わせて，それぞれ適切な方法を選択し，順次対応していくことが必要だと思います。大城先生のおっしゃるように将来沖縄もよくなる，努力したらよくなるという方向で，時間とコストをかけながらでも地道にやっていくよりほかはないんじゃないかなと思います。

　それから，フロアから質問が4点ほどあるんですが，その1つには沖縄の飲酒運転行動を改善する方策はあるんですかということですが，方策はあると思います。例えば，それぞれの専門家でプロジェクトチームを作って，こういう方向でやりますということで沖縄の世論に訴えていくと改善できると私は思います。もう1点，名古屋大学の高井先生からのご質問ですが，個人主義，集団主義の長短ということですが，私は，沖縄は歴史的・文化的な背景で相互依存的な自己観というか相互協調的自己観というのが結構形成されたんではなかろうかと思います。それに比べて，個人の確立という，相互独立的な自己観といいますか，そういう面の形成が少し沖縄は足りなかったのかなと，個の確立という先生がおっしゃる民主的な個の行動というのは，沖縄の場合そういう形成のチャンスが少なかったのかなと思います。教育の場でも，またいろいろな生活の場においても，結局は，将来の展望が持てないとか，あるいは自分の考えや主張も通らないという，歴史的経験があったと思います。結局は，事大主義的な沖縄の歴史的社会環境がそういった自己観を作ってきたのかなという感じがします。もちろん他の要因

もあったと思いますが。これからは責任を持った個の確立，そういった子どもの育成が必要だと思います。以上です。

國吉　ありがとうございました。では藤田先生お願いします。

藤田綾子
（大阪大学大学院教授）　ご質問の1つは，社会参加活動をボランティア活動だけに絞って，レイバーマーケットのことについては触れていない，ということはそこから高齢者を排除しようということなのか，というご質問だと思います。レイバーマーケットのなかで定年制度を自明として認めているわが国の現状では，9割ほどの企業が定年制をとっていますし，厚生労働省も定年年齢を60歳にしなさいとか65歳にしなさいとか，年齢は一定ではありませんが制度そのものは容認されています。しかし，今後労働力に対する需要と供給の関係のなかで，高齢者をレイバーマーケットに取り込まざるを得なくなると思われます。そして，さらに定年制度そのものがなくなっていくのではという可能性があります。しかし，アメリカで定年制度がなくなったとき，結果としてどういうことが起こったかといいますと，それまでよりむしろ早く退職する人が増えて新しい活動を始めたという例があります。国民性が違うので同じことがわが国で起こるとは限らないのですが，レイバーマーケットのなかの高齢者をどう位置づけるかという議論は，動機論だけではなく制度論としても必要になります。本日の発表では，現制度のなかで動機論としての社会参加活動について取り上げました。

　もう1つのご質問は，今日の話は前期高齢者の話であって寝たきりや認知症の人を切り捨てていくような考えではないかというご指摘だったと思います。確かに，プロダクティブ・エイジングを高齢者すべてに押しつけることは，寝たきりや認知症，障害を持っている人を切り捨てたようになります。プロダ

クティブ・エイジングは，すべての高齢者へのスローガンではなく，それを望む人へのスローガンです。したがって，結果的に該当するのは金城先生が言われるように前期高齢者が多くなると考えられます。第3に，家庭の役割の変容に関しましては，なかなか難しい問題ですし時間もありませんのでここで終わりにしたいと思います。以上，ありがとうございました。

國吉　　これまで3時間以上にわたってシンポジウムを進めてきましたけれども，全体として非常に重要な点が浮き彫りにされたと思うんです。それで，沖縄の移入人口は全国でも上位にありまして，観光ブームのなかでたくさんの方が観光客として，それから生活者として移動してきています。そういうなかで，これまでお話がありましたように，開発とか基地の問題とかその他の問題ではこれまた上位に位置するほどにいろんな問題を抱え込んでいる。そういうようなことが人々の行動様式にも影響を及ぼしているというようなことが，フロアのみなさんにもいろいろ伝わっていったんじゃないかと思います。それで，私のほうで非常に簡単ではあるんですけれども，今後私たちが住みよい環境のあり方を考えていくうえで大切なことを今日のシンポジウムを通して集約しますと，まずは現実を直視するということから始まりまして，いわゆる次世代を担う子どもの社会化や人格形成にとってモデルとなる大人の社会規範的行動を問うてみる。問うだけじゃダメだという意見がありましたので，中村先生のほうから，まずは子どもを動かして，逆の方向で大人を動かしていくということがありました。それからはたらきかけだとか，努力したことに対してそれだけ報われることが実感できるような社会的な仕組みを作るということが必要ではないかと。さらに，地域社会の人々を社会資源として，高齢者だけではなくて，子どもから高齢者にいたるまでプロダクティブに活

用する可能性というようなものを考えていくと。そういうことを通していわゆる自分たちの手で地域社会を住みよいものに創造していく，いわば桜井先生が言われたような参画型の社会を構築していくように展開していく，ということです。それと並んで，新しい価値観が生まれたりライフスタイルが変わっていくし，私たちも変わっていかなければならないと。だいたいこのようにまとめられると思いますが，そういうことが見えてきたという感じがいたします。今日お集まりいただいたフロアのみなさん本当に長時間ありがとうございました。それから話題提供をしていただいた4名の先生方，それから指定討論者の2名の先生方，全体で6名の先生方にご協力をいただきました。本当にありがとうございました。これで，シンポジウムを終わらせていただきます。

第Ⅱ部

心理学の未来への提言

―特別寄稿―

Wellbeing をめざす社会心理学の実践

大坊郁夫（大阪大学大学院教授）

1．社会的な生活を読み解くために―平均志向から階層分化への変化―

❋社会を意識する

　われわれは日々の生活のなかで，好むと好まざるとにかかわらず，他者と相互作用を結び，多くの人間関係を築いている。それぞれの相互作用において，自分を表出し，相手の意図を読み取り，共通項を確認しながら自分の考えや行動を調整している。そして，われわれは，家族，近隣・地域，学校，職場などの集団や社会的広がりのなかで多様な価値観にふれ，相互に吟味しながら自分の目標を設定し，生活している。

　われわれは，誰もがア・プリオリに自分の人生に一定の規範を課せられているわけではなく，生き方を選択できる（ことになっている）。ただし，そこには多くの前提があることも大方は知っているはずのことではある。

　ここで特に指摘したいことは，「他者との」相互作用の蓄積がわれわれの社会性を築き，そのプロセス自体が社会を構成していることにある。すなわち，日常的な事実として，あるいは仮想的なものであれ，他者との関係が考慮される限りにおいて，「社会」は意味を持つということである。大方にとっては，このような説明は不要であり，暗黙知として社会は成立している。しかし，近年，それが大方の共有概念であるかどうかが疑わしい出来事が少なからず現れてきている。自己との対比および

自己を内包するものとしての「社会」という意識を持たない，いわば「無社会」というべき社会的リアリティの欠如の心性を想定せざるを得ない出来事である。他者とのかかわり合いを前提とせず，他者との関係によって自分が成立することに気づけない者がいることを認めざるを得ない例があることである。おそらく，このような心性を持つ者は唐突に登場したのではなく，過去にもいたであろうことは想定できる。登場事例の多発ということではなく，われわれが「無社会」を認識せざるを得なくなったことに現代的な意味がある。

　「無社会」意識を持つ者の存在を無視できない典型例を近年のいくつもの事件に求めることができる。事件であることはすでに他者とのかかわりを抜きにはできないともいえるが，当事者の認識においては，あくまで当事者の一人称でしか成立していないものである。例えば，2005年11月の大阪の姉妹殺人事件（数年前の母親殺しを引きずる殺人に伴う快感情の再体験としての犯行），同じく11月のペルー人による広島の幼女殺害事件（この犯行は，自分ではなく，悪魔にそそのかされたためと述べている），1997年の神戸の児童連続殺傷事件の酒鬼薔薇聖斗（バモイドオキ神を作り出し，それへの服従行為としての犯行であるとの分離的な意識），1988〜1989年の連続幼女殺人事件の宮崎勤（自分を受け入れてくれていた祖父の死によって，自分をサポートする者の喪失感からの絶望による自己否定の「確認」としての犯行）などにある種の典型を見ることができる。

　これらの犯罪においては，自分をどう社会に結びつけていいのかが不確かであり，自分の行動の基盤となる規範を生み出す世間，「社会」をイメージできていない。あくまで自分が勝手に描いただけの世間しか考えておらず，他者との共通項を生み出すことに関心がない。その人生において，双方向的なコミュニケーションによって自己概念が成立してい

ることに「気づいていない」。したがって，勝手に描いたイメージだけで判断・行動できるという錯覚を持っているとも言い得る。まさしく自分の認知世界という狭い世間でしか他者や場面を考えられていない。したがって，他人が彼らを「反社会的」と評しても，当事者自身からすると，「反」社会といえるような基盤となる社会認識を持っておらず，自己の参照としての社会を意識しているとはいえない。そうすると，反社会ではなく，むしろ，社会性を持ち合わせていない（無社会）と考えることが可能であろう。そう考えたほうが説明しやすい。

「無社会」意識が顕在化してきたことは，連綿として続いてきた歴史を持つ人間社会の崩壊を促すことになりかねないことに大方は気づくべきである。すなわち，自分で作り出した自己の一部でしかない，一人称の他者はコミュニケーションの必要な他者ではなく，そこからは歴史につながる社会は生まれない。現実の他者との試行錯誤によって築かれる紐帯は脆弱となり，個人個人のぶれを含んだ社会的共有の基盤は崩れてくる。このような基盤崩壊は，努力なくして防ぐことはできない。われわれは個人間のぶれ，社会的な変動のあることを機に応じて意識化しなければ維持することが難しいことを確認し，補修しなければならない。

その基本は，異なる背景を持つ他者との相互作用を多く経験して，「ぶれ」を実感し，そのうえで，個人を包括できる全体的な場を築くという認識を持つことに他ならない。

「他者」を考慮するということは，その前提として，自分は全能ではなく，同時双方向的とはいえない関係があること，時間軸における変化をあたりまえのこととして考えることが必要である。

❁ 上昇指向と現状維持の意識

第二次世界大戦後，特に高度経済成長期においては，多くが上昇指向

を持ち，いわば，平均化された社会をめざしていた。満たされないとの意識のある者はそれを満たすことを願うものの，大きな努力をすることなく相応に願望がかなう者にとっては，あえてコストをかけようとはしない。特に，多くの情報が容易に手に入る現代においては，かけるコストに対応して得られるものや自分の将来についての予想はつきやすい。したがって，実際に行動せずとも自分の意識を変えることができる。

　三浦（2005）は『下流社会』において，中流意識の変革，新たな階層化が生じていることを，調査データを読み解きながら述べている。団塊世代は，戦争経験によって自信を失った親世代の価値観の変化，同一性模索を見ながら，同時に人生の手本とすべきものがないなかでなにかを得なければならないという思いを強く持ちながら成長してきた。そして，この団塊世代は，新たな社会的な動きを時期時期に経験しながら戦後の復興時代から高度経済成長時代を過ごすなかで，今よりはもっとましな，ゆとりある，自分らしい生活を，そのためにはもっと勉強して「いい」学校へ，もっと仕事をして上の地位をめざしてきた。そして，もっと自分らしい生活をしたいとの上昇指向が強く，いわば，"ボーイズ（ガールズ）・ビー・アンビシャス"（大志を抱く）世代であったともいえる。

　団塊世代は，その親世代が戦後いっせいに結婚し，子どもを生むことによって誕生した者たち，つまり，ベビー・ブーマーである（1947年から1950年の間に800万人が誕生）。その後のわが国の発展への期待をかけられ，戦後の希望の象徴としても機能して育った世代である。中学生の時期にはテレビが一般家庭に普及し，映画やホームドラマではアメリカの豊かな家庭がこれから先の自分たちのモデルであるかのように思い描いていた。小学校での二部授業（同じ教室を低学年と高学年で時間を区切って使用する），中学・高校時期の教育指導要領の改定，受験勉強に熱心とならざるを得ず，競争することが日常化した。大学改革の学

生運動の経験（全共闘世代ともいわれる），高度経済成長期に合致し，それほどの苦労もなく就職できた経験（就職する気はないのに，何社もの採用試験を受け，その際の旅費を得る，一種のひやかしをさして「就職ゲリラ」という言葉もある）を持っている。生き方は多様であり，上昇指向の者が多い一方で，それに背を向け，私的な世界を重視した生活，自然指向の生活をし始める者も多く出現した世代でもある（時代的には，大学改革運動のほかに，イージー・ライダー，ベ平連運動，フォーク・ソング，ビートルズの音楽による影響を強く受けた者が多い）。また，このような価値の変化に呼応するであろうが，見合いではなく恋愛が結婚の前提となり，さらには同棲，友だち感覚の夫婦，核家族単位のニューファミリーを形成した。このように個性と豊かさを求め，手に入れてきた世代の生活ぶりは，当然ながらそのジュニア世代にも色濃く影響している。

　戦後の個人尊重の風潮はこの団塊世代の生き方に大きく影響している。しかし，個人尊重の意味が戦前の家父長制へのアンチ・テーゼとして解釈されたことの弊害として，自分のごくまわりの世界へのこだわり，個人の生き方に互いに意見を言うことを抑制する，プライベートな生活への干渉を極度に嫌う，一種の脱コミュニケーションを是認する価値観が一般化したことがその特徴として指摘できる。

　この世代は戦後の自由な空気のなかで育ったこともあり，新しいことを次々と経験し，かつ，自由にものを言うことができたので，その上の世代に比べて自己主張的である。したがって，学校や職場においてその人数が多いことも加わり，他への影響も大きかった世代である（過去形とするには少し時期尚早ではあるが）。「2007年問題」といわれることがある。これは，団塊世代がいっせいに退職期を迎えることになり，これまで多くの企業が手控えていた新人採用を大量にしなければならなく

なるので，それぞれの企業にとって大幅な採用計画の立て直しを図らなければならない深刻な問題となっていることをさしている。同時に，団塊世代のパワーの活用（この世代の労働力を継続してあてにしなければならない産業上の必要もある）の問題，およびこの世代以降の人口減少によって今後の年金制度が維持できなくなる危険性を大きくはらんでいるので，その責任の所在は別にしても団塊世代のもたらした社会的な問題は深刻である。

❋社会性の回復をめざす

　団塊世代のジュニアたちは，生まれた時から，多くのモノを与えられて育ってきた（団塊世代は自分たちが容易に得られなかったものを子どもに与えることができると自覚することによって，親としての自負心を強くし，同時に，ほしいものを得る努力をすることなく，自己実現してほしいと願ったであろうことは容易に推測できる）。自分たちの親である団塊世代が多様な生き方をしてきていることを見て，どのような生活の仕方であれ，そこそこに生きていけることを知っているので，背伸びしてまでも過大な夢を抱かない。団塊世代の多くが仕事と趣味などの私的な生活との乖離に悩みながら，いずれ「自分らしい」生活を充実させたいと願いながら，それが可能になる「かもしれない」時期が人生の終わりに近い時期になってしまうことをジュニア世代は察知している。それゆえに，できるだけ等身大の生活を身上とし，徒労に終わるかもしれないむだはしない，これまでと同様のレベルの生活ができればいいという意識が強い。立身出世もさることながら，個性的に生きるという信条もけっして強くはない。

　このような意識は，三浦（2005）のいう下流社会の発想につながっているといえよう。モノのない時代を出発点として経済成長実現を担っ

てきた団塊世代は，いわば下流からより上の（めざせる程度の階層としての）中流を指向してきた。その結果，働き盛りであった1980年代から1990年代には多くは中流意識を持つにいたった。マイホームを持ち，そこそこに趣味を楽しみ，子ども（団塊ジュニア世代）のお稽古ごとや受験勉強にお金をかけてきた。しかし，団塊ジュニア世代は，小さな時から，合体ロボやバービー人形，リカちゃん人形と遊び，スーパー・マリオの登場によってテレビ・ゲームという新たな個人中心の遊び方に目覚め，集団で群れて遊ぶことはなくなった。そして，パソコンやビデオになじんできた。個性を大事にすることを標榜した学校教育の場面では親世代のようにはがむしゃらな強制を受けず，強力な人生モデルも示されない。その一方では横並びで放課後は塾で勉強し，お定まりの受験を意識させられ，親世代以上の学歴を期待される。しかし，団塊世代はといえば，子どもの生活ぶりには関心はありながら，口を挟むのはそれまでの生き方からして自分らしくない，子どもは子どもなりの生き方であっていいと自分に言い聞かせて，子ども部屋にいる子どもには声をかけられない。そのような生活状況にあって，子どもは自分の人生があまりに自由度の大きなものであることを持て余し，人生設計を描けない。三浦の分析によると，「自分らしさ」を重用視することと下流意識を持っていることは関係している（自分らしさ重視者のうち，男性では61％，女性では36％が下流意識を持っている。なお，「非自分らしさ」派は，男性で42％，女性では27％）。また，未婚，子どもなし，非正規雇用者に多く，自分らしさ志向が晩婚化，少子化の原因となっている可能性が大きいとしている。さらに，三浦は，調査データの分析から，現代の若者は，階層意識の低い者で自分らしさ志向が強く，同時に，この傾向の強い者は活動的ではなく，内向的で友だちも少ないとしている。

　自分らしさの表現として，正規雇用者は，てきぱき，品がよい，エレ

ガント，人づきあいがじょうずと評しているのに対して，非正規雇用者は，一人でいるのが好き，のんびりした，こだわりが強いと評していると述べている。

このような結果からコミュニケーション能力が進路決定に作用し，階層意識とも密接に関係しているのではないかと推論している。

ここで述べてきたことは，社会心理学が中心となって考えるべき対象自体が従来通りではなく，変質する可能性を示しており，研究方法の工夫が対象や時代に応じて常に吟味されなければならないことを示している。社会心理学は，人が構成因となる集団，歴史的な文化を有する社会を研究対象としてきた。元来，その対象は広域で，他の領域との重なりをむしろ特徴とする科学である。このこと自体はこれからも変わることはないものの，前述の事件などは，個人―関係―社会という図式を人間理解の前提としてきたこと自体の問い直しが必要になってきたことを示唆しているといえよう。

ただし，ここで指摘したいことは，ひとり社会心理学のみならず，心理学がこのような変化にどう気づいてきたのか，気づき得る学問態勢を有していたかである。さらに，心理科学の問題把握と探究のシステムの点検が必要であるということである。

2. 現代の社会心理学のめざすものは wellbeing

心理学が独立した科学として認知を求めようとした契機は，ブント（Wundt）がライプチッヒ大学にて心理学を冠した講義を開始し，研究室を設立したことにたどることができる。その後，心理学は急激にその同一性を獲得し，科学としての多様化を求めてきたことは周知のことで

あろう。

　多くの科学がそうであるように，その草創期にあっては，当該科学としての同一性の模索，テンプレート作りが主題になる。そして，その科学の領域の拡大，さらには百家争鳴の理論展開，そして，領域の細分化がなされる。この経過においては，他の科学と区別化することが強調され，過度な排他性がみられる。それは，関連諸科学の効用を否定したり，相互の重複や乗り入れを排除しようとする。このような動きは，生産的ではない。それは，扱う対象自体が時間軸にて力動的に「変化」するものであり，同時に多数の手がかりによって影響されるからである。すなわち，心理学は対象の構造や因果関係を固定して分析できるという枠にとどまらないものであり，それゆえに，他の（自然）科学から借用した研究方法を改良する必要があった。基礎的なこととしては，物理量に対して心理量が曲線的な関係にあることを指摘した，フェヒナー（Fechner）やさらに関係式の多元化，適合度を改良したスティーブンス（Stevens）にその例を求めることができる。この例は，感覚作用についてのものであり，個人の心理作用を問題にしたものである。ところが，他者との関係を考慮するならば，予想できる要因は飛躍的に増え，しかも要因間の干渉，連動による作用もあり，定式化は難しくなる。それがゆえに，研究者は多くの場合，複雑な関係・プロセスの一部を取り出して検討し，相応のモデルを提出する傾向がある。このようにして提唱されたミニ理論は多い。このような動向からは，ミニ理論を横断し，独自な視点からの新たな統合的な見解は容易には登場しがたい。

　心理学の歴史をたどるならば，これまでの心理学を特徴づけることとして，哲学的思索からの独立の試み，過度な自然科学への信奉から扱う対象の構成要因の単純化，因果関係の模式化，明示的と解釈し得る数量化への信頼などがあげられる。これらの科学的作法は，その科学の同一

性を確認するためには，草創期においては必要であり，なんら異議を唱えるものではない。まずは，このような方法を基盤とすることによって，研究相互を結び，「共通」項を創出することは必要である。一定の操作によって得られる結論の集積は，「検証可能な」明示性を与えるからである。

　しかし，このような集積のみが当該科学の成熟を示すものではない。人間科学としての心理学は，多くの「メタ」回路とでも言い得る「間」や関係を扱っていることが大きな特徴である。

　さらには，社会心理学の研究は，人が含まれる場をプロセスとして捉え，そこから得られるものがわれわれにとって現実的な意味あるものでなければならない。さらに，個人と個人によって作られている集団や社会の構成を同時に考えることであり，日常的な出来事をいかに総合的に検討するかである。社会心理学は，ゲシュタルト心理学をあえて引き合いに出す必要はないであろうが，われわれが生活する社会的な環境に含まれている要因のいずれともかかわっており，対象を狭い範囲にくくることはできない。したがって，少なくとも他者とのつながりで個人を考えることもマクロに社会体制や文化についての検討をすることも含め，どのようなアプローチも可能である。しかし，研究は価値的にけっして中性的であることはなく，どのような人間観，社会価値をふまえてのことであるのかは大事なことである。そして，その成果は，歴史的に評価されるものであろう。基本的には，視点の違いのあることは考慮しなければならないが，人間の幸福や健康がめざされるべきことであろう。さらに，基本となることは，現実の生活の出来事にはたらく規則性を説明すること，その背景にある原理を探り，かつ，それをもとにして，現在よりも適応的に行動する方法を人びとに提供することである。そのためにはいくつものアプローチが考えられるが，めざされる目標は心理的健

康を高め，価値ある生活の創出，すなわち，他者との適応的な関係を築き，相互協調的な社会を築くことこそが，心がけられなければならないことであろう。

対象の構造的特徴を明らかにし，知のシステムを築くことは，それぞれの科学の基礎論をなすことである。基礎は基礎だけで成立するものではない。その科学や個々の研究の集積がどのような方向をめざすのか，あるいは，人間にとってどのような意味を持ち，価値を持つのかは常に考えられなければならない。昨今，人間の尊厳を軽視した研究や，その質よりもアウトプットすること自体を競うかのような断片的な研究という自己満足的な姿勢が少なくとも一部にみられることは，科学倫理をそこなうものとして懸念されている。ひいては，企業倫理の崩壊事例の増加ということにもつながっている。

このようなことを考えるならば，人間としての価値，社会的な価値と切り離して研究することの安易さを優先するために，科学的探究を中性的な次元で（一種の真空的な空間で）扱ってきた過去が現代にとっての禍根となっているといえよう。

われわれの日常生活の表面にも深層にもたくさんの真実があり，どのような見方をするのかによって，あいまいにも鮮やかにも見えるものである。

人間の科学（すべての科学がこう表現できるが），特に，行動の法則，他者との相対的な心のダイナミズム，個人の心の集積としての社会が問題になる心理学においては，"wellbeing"のための科学であることを標榜すべきであろう。すなわち，めざすべき価値をどこにおくのか，われわれの適応，幸福を追究する科学，研究であるということを明らかにし，個々の研究がどのように貢献できるのか，そのためにどのように価値があるのかを問い続けるべきである。

例えば，①攻撃，競争，迷惑行動に対する向社会的な行動，協調性，②葛藤，不適応に対する適応，などはwellbeingを考えるに適したトピックといえよう。日常場面において，例えば，地下鉄の乗降の際，車両から降りる人が降り終わってから乗り込むのが合理的である。しかし，降り終わらないうちに乗り込む人がいるために乗降がスムーズではなくなり混雑する。さまざまな場面での列に割り込む人，自分の家ではしないであろうに，公共の場面ではゴミを捨てる，備品をぞんざいに扱うなどの例は残念ながら少なくない。大方は，このようなことは好ましくないこととの判断はできるであろうが，「つい」そうしてしまうようである。このような場面の全体を見ることなく，その場の行動は進行してしまう，当該の自分が行っている行為以外に注意が向いているために，コトの正否を判断できずにいる，意識されていないがために生じることが多いと思われる。なお，上記のような場面で自分が嫌な経験をすることによって，受け手としてのネガティブな感情生起が他者への迷惑行動を抑制することになる。双方向の社会的な経験の蓄積が「社会性」を築くことになる。

　具体的な内容，援助の方法は別にしても，援助を必要としている人を助けることは望ましいことであるとの認識は大方に共有できることであろう。しかし，その場面に他者がいること自体が援助を抑制してしまう傍観者効果（Latane & Darley, 1970）や上位者からの「命令」があると，当人自身は内発的にはそのような攻撃的な意図がなくとも他者への攻撃行動をとってしまうこと（Milgram, 1974），付与された役割に合致した行動であれば，その種の攻撃性が増大することを示すジンバルドー（Zimbardo）が1971年に行った「監獄実験」（http://www.prisonexp.org/ 参照）はよく知られている。これらの研究は，大方にとってインパクトのあるものであり，他者への配慮，協調性について示唆するとこ

ろは大きい。その際，これらの研究のコンテンツを知るだけではなく，そこから自分を含めた現実の他者との関係にどう重ねることができるかが問題になる。個別の研究成果からそれを日常生活の多様な場面や人にいかに一般化するか，同時に，「自分」の経験，普段の行動傾向を重ねて考えることができるのかが重要なのである。

　健康を維持し，生活の質（QOL）を高めることを多くの人が願うことであろう。この種の問題を考える際には特に，臨床，健康心理学と関連するところが大きい。研究の切り口として，他者との関連での自己のはたらき（対人的自己；自己開示，自己呈示など），個人間の関係を具体的に結ぶもととなる対人コミュニケーション，社会的スキルの研究は，臨床，健康心理学と連携していくために多くの示唆を提供できるトピックであろう。近年，wellbeing を総合的に考える「ポジティブ心理学」の登場は興味深い。これは，適応，健康，幸福などの心理的にポジティブな面に焦点を合わせ，これに関する上記の諸領域の研究を融合する発想を持つムーブメントといえる（島井，2006 など）。また，対人コミュニケーションの多角的で基礎的な研究をふまえ，そこから社会的スキルを高めるための実践的な研究をめざす研究（大坊，2005；相川，2000 など）なども他領域の研究を結ぶ意図を持つものである。

　いずれにしても，どのような領域の研究であれ，その研究の先にめざす価値は何か，研究方法の質（その成果がわれわれにとってどのような価値につながるのかを熟考した綿密な計画を立て，真実の追究と人間にとっての福利が考えられていること，個々の研究の具体的手順として参加者への配慮などが十分になされていることも含む），結果から何を，どこまでを読み取るのか（wellbeing の向上に生かせる工夫）などが重要である。例えば，得られた結果・事実だけが一人歩きすることはないし，結果だけをリリースする意味は薄い。研究者がそれをどのような文

脈で検討し，何を主張したいかが問われなければならない。公共場面において，優先座席が高齢者などに優先されていない，列に割り込む人がいることを数値として示す際に，なにがそのような行動を促しているのかの条件の追究，さらに，どうすればそれを遵守できるのかについて考えられるような文脈が示される必要があろう。確かに，個々の研究１つの成果からグローバルな展望を与えられるとは限らないが，少なくともこの展望につながる位置づけの研究であることを明らかにすべきであろう。この視点からしても，ポジティブ心理学の展開はこの発想に合致するものであり，今後の進展に期待していいであろう。

　個々人はそれぞれに異なる歴史と環境を持っており，互いが理解することはそれぞれの異文化を理解することといってもいい。自分が多数者側にいるという意識はそうでない者を理解する心をそこないかねない。また，自分を理解してもらいたい，こう捉えてほしいという自己呈示は，一方的な表現になってしまいやすい。人が複数いる（相互作用に直面しているとは限らない）場面においては，必ず一方が自分を表出し，相手がこれを受け，その循環こそが心的な産物を生み，関係を，社会を構成する。アイデンティティを持つことは自我の基盤を考える限りにおいて重要なことである。しかし，それはけっして一様ではなく，階層性を持つものであり，個人（個性）から集団そして，地域，社会へと拡がる連続体をなすものと捉えていいであろう。したがって，時には個性と社会的な帰属性とは拮抗することも少なくない。アイデンティティをどの段階で求めるかによっては，他者との間に，あるいは，集団との間にボーダーを引かざるを得ないことになろう。このアイデンティティを自分の来し方を前提とした連綿とした歴史として一貫したものにしたい（換言すれば絶対性の追究）とするのではなく，相対的で変化し得るものとの認識こそが自我と所属性の適応を促すものであろう。一方，所与の社会

的カテゴリーは，能動的なはたらきかけをせずとも，その選択肢を選ぶことで得られるものであり，便利である。しかし，それでは，カテゴリーの境界的な領域にあるものについては適切に表現されず，アイデンティティは充足されがたい。自分が社会的にどのような意味を持ち，はたらきをなしているのかを知るためには，自分らしさと相手に受容される（あるいは，親密感を持たれると予想される）自分づくりは必要である。表現することによって当該の相手に向けた効果が生じるのみではなく，それはその他の者にまで波及する社会性を持つ。

　社会心理学には多種多様な研究アプローチがある。それは，見方によれば，統一的な理論や方針のなさに映るかも知れないがそうではない。むしろ，多くの心理学との重なりからより総合的な理論や統一的な指針を提供できる土壌を持っていると考えていいであろう。それを成すには，広義のミクロ・マクロの相互作用的視点から問題を捉えることであろう。加えて，時間軸を変化を含む連続体として常に考えることであろう。

3. 大学教育への視点

　最後に，現在の大学における心理学教育を振り返るならば，いくつかの問題を指摘できる。先に述べたように，ブントの時代以降，心理学は多くの技術の革新を受けて研究方法が精緻化したことと相まって，細分化が進み，対象・方法が専門化されてきた。それは，研究する側の視点からすると，対象を絞り込み微細に検討できることを意味する。より精細な概念が産出され，その脈絡での検討課題はますます増えている。しかし，人間の心，行動が多面的であることを示し，おのおのの分野から光の当て方を変えてその光の下での対象の構造や規則性を明らかにしようとしていると表現していいであろう。

2005年の日本社会心理学会第46回大会（関西学院大学）において，「臨床心理学と社会心理学のインターフェイスを語る」（企画者：丹野義彦・坂本真士・安藤清志）が開催された。この企画は，それぞれに細分化され，一見すると異なる問題意識を持ち，異なる方法にて研究・実践を展開している両心理学が，豊富に持つ成果をいかにして共有し，相互に連携した研究展開をしていくためにはどのような工夫が必要であるのかを考える場であった。このように細分化された個別の心理学を結ぶことが主題になるこの種の試みが必要であること自体に，細分化された分野を関連づけ，全体的な「人間」を俯瞰する試みが必要になっていることが示されている。

　リアリーとミラー（Leary & Miller, 1986）が述べていることでもあるが，現在アメリカ心理学会（APA）が発行している研究雑誌に"*Journal of Personality and Social Psychology*"がある。タイトルにあるように，パーソナリティと社会心理学の研究が同じ雑誌に掲載されていること

表Ⅱ-1　臨床心理学と社会心理学のインターフェイスを築くためにすべきこと

1. 臨床心理学やカウンセリング心理学の教育プログラムにおいて，**社会心理学の理論と研究**が感情・行動上の問題の理解やその治療と密接な関係を持っている
2. 社会心理学がどのように**応用できるのか**を明確に主張すべき
3. 教育プログラムで，**他領域の研究者の活動を配慮すること**の重要性を教える
4. 自分の専門に関連する領域の研究を熟知し，それを自分の研究に**統合する努力が必要**
5. 社会心理学と臨床－カウンセリング心理学の境界領域に関心を持つ心理学者は，他の領域の心理学者との**協力関係，相互に教え合う関係**を構築すべし
6. そのためには，情報交換のための**公の場**が必要である
7. 領域間で概念・用語の共通理解を図る
8. 社会心理学の研究者・学生に，**その研究の行き着く先を考えることを促す**

＊1～6は，Leary & Miller(1986)による。7，8は大坊が加筆

に，細分化された学会誌を持つ日本にいる学生は驚きを抱くであろう。さらに，この雑誌は，1970 年にそれまでの "Journal of Abnormal and Social Psychology" が "Journal of Abnormal Psychology" とに分かれてできたものである。この経緯に示されているように，個人差，適応・不適応，さらに対人関係の研究は相互に関連するものであることは先人は熟知していたのである。その後，研究数の増加，細分化により成果発表の場も分化してきたのである。この経緯を遡って考えること自体に重要な意味が含まれている。不適応を理解するためには，適応との関連を考えるべきであり，個人を理解するには他者との関連，集団・社会・文化との関連を十分に考えなければならない（同様に，集団を理解するには，個人との関連を検討する必要がある）。

　現在の大学教育においては，細分化された分野を関連づけ，全体的な「人間」を俯瞰するような試みが乏しいのではなかろうか。個別の「○○心理学」が同時開講され，学生にはそれがそれぞれに完結したものとして提示される。総合的な視点を提供すべき科目でも担当者の「専門」を結果的には部分的に伝えている場合が少なくない。学生がこれらをうまく統合できる柔軟な総合力を持っていると期待していいのかもしれないが，むしろ，現在の教育の実態からすると，積極的に伝えるべき者が伝える工夫をすべきであろう。そうでなければ，眼前の対象にのみ執着したミニ理論のさらにミクロな視野でしかデータに言及できない者しか育たないのではないかと危惧される。これを避けるには，研究することの意味，実践科学としての役割を具体的な研究を供覧しながら自らの価値観を参照できるように，自らの姿勢を積極的に伝えるべきであろう。

　図II-1 に示したように（社会心理学に焦点を合わせている），対象とするトピックは拡がりを持っており，要因は相互に連結していることが基礎視点であることをはっきりと認識しながら，個別の研究展開がなさ

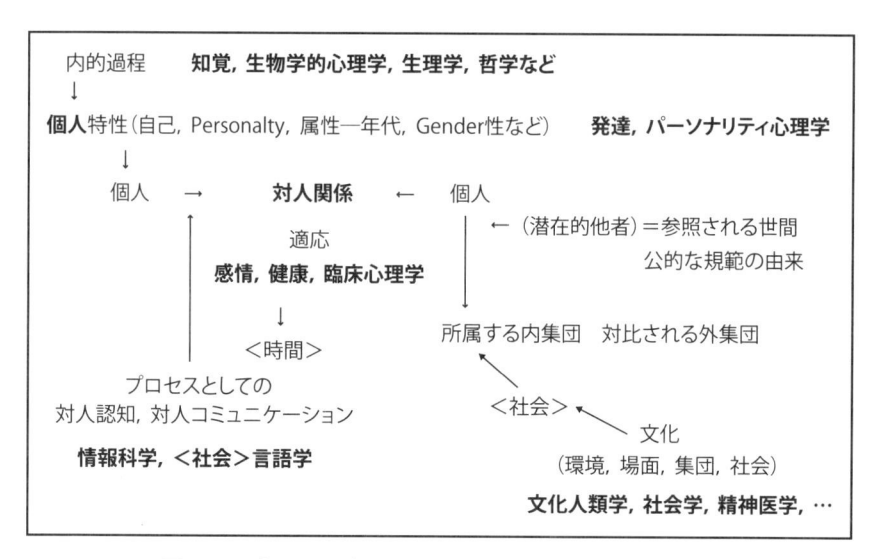

```
内的過程    知覚, 生物学的心理学, 生理学, 哲学など
  ↓
個人特性(自己, Personalty, 属性―年代, Gender性など)      発達, パーソナリティ心理学
  ↓
  個人  →  対人関係  ←  個人
              適応        ←(潜在的他者)＝参照される世間
        感情, 健康, 臨床心理学         公的な規範の由来
              ↓
             <時間>       所属する内集団  対比される外集団
  プロセスとしての
  対人認知, 対人コミュニケーション    <社会>←  文化
  情報科学, <社会>言語学           (環境, 場面, 集団, 社会)

                                 文化人類学, 社会学, 精神医学, …
```

図Ⅱ-1　多くの関連する側面を有機的に結ぶ社会心理学
太ゴチックで示した〈心理学〉は，特に密接に関連している個別の心理学，関連科学の名称

れること，そして，「何のため」の科学であるかをいっそう理解できることを促す必要がある。

　（注）本論の1の一部は「コミュニケーションが築く高質の対人関係」（大坊郁夫，2006, 対人社会心理学研究, 6号）に所載されているものである。

■引用文献

相川　充　2000　人づきあいの技術―社会的スキルの心理学　サイエンス社

大坊郁夫（編）　2005　社会的スキル向上を目指す対人コミュニケーション　ナカニシヤ出版

Latane, B., & Darley, J. 1970 *The unresponsive bystander: Why doesn't he help?* Appleton-Century-Crofts. 竹村研一・杉崎和子（訳）　1977　冷淡な傍観者―思いやりの社会心理学　ブレーン社

Leary, M. R., & Miller, R. S. 1986 *Social psychology and dysfunctional behavior: Origins, diagnosis, and treatment.* Springer-Verlag. 安藤清志・渡辺浪二・大坊郁夫（訳）　1989　不適応と臨床の社会心理学　誠信書房

Milgram, S. 1974 *Obedience to authority: An experimental view.* Harper & Row. 岸田　秀（訳）　1980　服従の心理―アイヒマン実験　河出書房新社

三浦　展　2005　下流社会―新たな階層集団の出現　光文社

島井哲志（編）　2006　ポジティブ心理学　21世紀の心理学の挑戦　ナカニシヤ出版

心理学に期待する

東江平之（琉球大学名誉教授）

1. はじめに

　2005年は太平洋戦争終結より60年という節目の年といわれている。また，列強入りの夢を見せられた日露戦争終結から100年，開国の要求に動揺した幕末から150年という節目の年でもある。これらの節目は日本という国が生まれ変わるきっかけともなり，人々の暮らしや思考様式も大きく変化した。このような時代の転換について心理学は何をすべきであったか。そして，今でも残されているなすべきことは何か。

　ヴント（Wundt）の研究室が創設され，世界の心理学が同一の起源をもってスタートして126年。その間心理学は確かに発展してきたし，心理学に従事する者の数も飛躍的に増えた。しかし，それが最良の発展のコースをたどったかについては，疑問なしとはしない。日本の心理学については，特にその感を強くするものである。日本の社会や文化が十分に反映されてこなかったのではないか。東洋の思想や哲学が，アジアの歴史や文化の個性が反映されてこなかったのではないか。過去を振り返ることによって，未来の課題がよく見えてくることもあるのではないか。

2. 私の原点としての1950年代の心理学

　私は1951年に大学に入学し，1961年に大学院を修了した。途中現

場で勤めていた2年間を除けば，50年代の8年間は学生としての身分を維持していたことになる。奨学金がもらえたことが主な理由であったが，8年間の高等教育はすべてアメリカで受けることとなった。学部課程の前半はオハイオ州のウィルミントン大学で，後半はアイオワ州立大学で過ごした。前者はクェーカー教徒によって設立された小さな私立大学で，アメリカ文化にふれ，心の教育に浸るのにはきわめて適した環境であった。後者は州立の総合大学で，学習理論のスペンス（Spence），統計法のリンクィスト（Lindquist），科学哲学のバーグマン（Bergman），言語病理学のジョンソン（Johnson），差異心理学のベクトールド（Bechtoldt）など錚々たるメンバーが肩を並べていて学習環境には不足はないと思われた。しかし，学部学生に登録が認められたのはベクトールド教授の授業だけであった。同教授から論文や新聞記事の批判的な読み方，因子分析結果の解釈について懇切に指導してもらえたことは幸いであった。心理学科の基調はハル・スペンス流のS-R理論であったが，何の違和感もなく受け入れられたのは，時代の背景のせいであったのかもしれない。

　私の心理学の基礎が本格的に築かれたのはエール大学大学院に在籍した4年間であった。そこでは統計法や実験デザインが必修科目としてカリキュラムの土台をなしていた。統計法重視には今日では批判もあるかもしれない。しかし，研究者養成を大学院教育の主目的とする教育機関にとって，それは当然ではなかろうか。特に基礎的分野ではそういえるのではないかと思われる。応用心理学の分野でも，人間工学，コミュニケーション工学，マーケティング・リサーチなどの分野では，上級統計法は理論の一部としても必要といえるのではなかろうか。

　統計法の土台の上に立てられた4本の柱が実験心理学，発達心理学，社会心理学と臨床心理学であった。実験心理学には生理，知覚，学習，

思考などが含まれていた。他の3本の柱については特に説明は必要ないであろう。ただし，臨床心理学からはカウンセリングが完全に欠落していた。卒業後30年経って表立って変わったことは，実験心理学が認知心理学へと呼称が変更されたことである。認知革命とまで呼ばれたその間の心理学の一大変貌がうかがえるというものである。これらの4本柱を中心とした分厚いパッケージとしての大学院教育プログラムは，アメリカ教育の最大の特色であったといえる。ちなみに，大学院教育制度こそアメリカが発明した最大の制度である，と評価する教育学者もいる。いずれにせよ，人を観るのに学習的視点，発達的視点，社会文化的視点，異常心理的視点，動機づけ・適応的視点のいずれを欠いても不完全であることは自明である。言い換えれば，上記4本柱は統合された基礎として必要であるということである。教育心理学をはじめ他の専門領域はその基礎の上に築かれるべきものである。そのような制度のもとで，私は具体的に生理心理学，実験心理学，児童心理学，社会心理学，臨床心理学などの科目を履修した。生理心理学では3か月かけて文献を渉猟してホメオスタティック・ドライヴについての報告をまとめたこと，臨床心理学ではフロイト（Freud）の第二次過程について数週間格闘したことが忘れられない。そしてこれらの専門分野は現在の私の狭義の専門分野ではないが，私の心理学の不可欠な部分になっていることは疑問の余地もない。日本における心理学者の養成で考慮すべき点のひとつではないかと思えてならない。他方，大学院経験で大事なことは，単なる科目履修に限定されるものではない，ということである。毎週水曜日の午後に催されたコロキアムでは，国内外の話題の研究者が最新の研究について報告し，教員や院生と交流するという，知的刺激に満ちたプログラムも用意されていた。他の学科でも同様の企画があったので，適当に選択して参加していた。また，学生が自主的に研究会（セミナー）を開催するこ

ともある。揺籃期の言語心理学に傾斜していた私は，クラスメートとともに月例の研究会を開き，知的興奮を味わいつつおおいに学んだものである。参加者は心理学科の教員や院生にとどまらず，言語学，哲学，人類学，医学などの分野からも多数参加した。これらの経験も大学院教育の大事な部分になったと思われる。

　学習理論は初年度に1年かけて学んだ。週2回の100分セミナーには正規に登録した学生の他に，過去に2，3度も受講した学生や若手教員・研究者も参加して活発な討議を展開したものである。毎回の講義に備えて90ページ前後の文献を読むことが要求された。学会誌の論文ともなれば，1時間に5ページをこなすのが精一杯で，かなり高い要求水準には苦しめられたものである。主テキストはハル（Hull）の『行動の原理』であったが，残念なことにその影響力は短命に終わってしまった。しかし，ハルが懸命になって，科学哲学の立場から，心理学にとって理論と呼べる理論が必要だ，と訴えた功績は忘れてはなるまい。

　ハルの強化説に続いて登場したのがピアジェ（Piaget）の認知的発達理論とチョムスキー（Chomsky）の生成変形文法理論であった。前者は学科内選択として取り組んだものであり，後者は学科外選択の結果自ら取り組んだものであった。ピアジェの理論は，S-R理論からはあまりにもかけ離れたものであり，なじめないものであった。まるで異なる心理学を一からやり直す思いであった。乳幼児がいかにして保存，因果，時間，空間，客観性などの概念を構築していくかを吟味することができた。しかし，心理学の対極をなすS-R理論とピアジェ理論を統合することはけっして容易なことではない。一方を切り捨てればよいというものでもない。むしろ，かかる緊張関係のなかで模索することによってしか，複雑で，自由闊達に，しかも創造的に行動する人間を捉えるのに十分な理論モデルの構築はできないのではないか。ともあれ，大学院教育のな

かで，このようなアポリアまたは理論的修羅場を経験することはおおいに意義のあることではないだろうか。

　チョムスキー理論との出会いはいくつかの偶然が重なった結果であった。第一に，私はパーソナリティの発達を主な関心領域として大学院に入ったのであるが，間もなくして言語または言語の発達こそ子どもの発達の研究の鍵であると思うようになった。そのためにサピア・ウォーフの言語相対性仮説などにも飛びつき，その結果として自分の言語への信念を再強化したものである。第二に，私が大学院に入った1957年には，チョムスキーの画期的な『統語構造』の他に，心理学においてもスキナー（Skinner）の『言語行動』やオズグッド（Osgood）らの『意味の測定』などが出版され，言語への関心はおおいに高まっていた。関連文献としては，前年にはウォーフ（Whorf）の『言語・思考・行動』やブルーナ（Bruner）らの『思考の研究』の付録として寄せられたロジャー・ブラウン（Brown）の『言語とカテゴリー』，翌年にはブラウンの『ことばと事物』が出版され，入門者の関心を強く引きつけたものである。これらはすべて心理学における言語の時代を画したものと評価することができるであろう。そのうえにチョムスキー自身によるスキナーの著書に対する痛烈な批評（1959年）における強化説の揺さぶりは，たんにスキナー理論の範囲にとどまらず，学習心理学全体における強化説に疑問を投げかけるものであり，そのインパクトは計り知れないものであった。それは私に言語に向き合うことを挑発したものといえるかもしれない。第三の偶然は，エール大学大学院の履修規定または慣行は他学科提供の科目の履修を正規の科目履修と認めていたため，学習者の負担を増やすことなく学科の枠を超えた履修が可能であったことである。IBMセンターでプログラミングを学ぶ者，医学部で解剖学を学ぶ者もいた。私は言語学科，人類学科，哲学科で言語に関する科目を限られた範囲であったが

履修することができた。しかし，チョムスキーの理論は当時はまだ正規のカリキュラムには反映されていなかった。講演や研究会などでインフォーマルに扱われているに過ぎなかった。それにもかかわらず心理学における言語研究にとって，言語とは何か，言語習得とは何か，をめぐって重大な疑問を投げかけるのには十分であった。いずれにせよ，チョムスキー説と伝統的心理学における漸進説や連続説をどう統合するかは大きな課題であり，挑戦であった。大学院教育におけるこのような難問は，学生たちに長期的な成長を促す教育的な仕組みではなかったかと思われてならないこの頃である。

3. 日本の心理学に期待するもの

　公表された研究成果によって判断する限り，日本の心理学にはいくつかの問題点がある。第一は，日本の社会や文化についての本格的な心理学の研究がないということである。日本的な問題に取り組む場合には，当然それに適した概念や方法が要求される。この要求にこたえてこそ，日本の心理学が世界の心理学に独自の貢献をする可能性が生まれてくるのである。それは理論的貢献に限らず，研究成果のコンテンツとしても，普遍的な人間の可能性や多様性について広く訴えるものを持ち得るはずである。

　また，日本がアジアの歴史や文化を共有していることを考えれば，日本の心理学の研究にアジアの思想や文化の個性が反映されるのは当然ではなかろうか。儒教，道教，仏教の影響は日本人の思考や行動にはみられないのであろうか。この問いは義務としてだけではなく，可能性としてもおもしろいのではなかろうか。

　以上の指摘に続いて私は次のことを提言したい。日本の心理学専門誌

のスペースの半分を上記のような研究論文にあてることを基本的原則として確立してもらいたい。日本における心理学の研究が追試型，システム中心の研究から，発信型，個性中心の研究に軸足を移すことを期待するからである。

　第二の注文は教育の仕組みまたは中身に関するものである。大学院教育についても，国際的に品質保証が求められている時代である。各科目の目的と必要性を明記し，内容の透明性を保障する詳細な記述を含むシラバスを作成し，公表することが求められている。履修要領や履修モデルを明示することも重要である。シラバスを整備し，カリキュラムを編成することによって，はじめて教育の質を制度的に保障することができるものである。

　他方，教育の質の保障は入学者の選考方法に依存することも忘れてはならない。私にとって大きな驚きであったのは，エールの大学院に同大学の学部課程を修了した者は一人もいなかったことである。制度的に受け付けていないのである。理由は単純である。多様な環境で学ぶ必要があるからである。私と同期の14人は13の大学の出身であり，例外の2人も，1人は史学，もう1人は法学予科の出身であった。学生の多様性は，等質性とは明らかに異なる影響を学習環境にもたらすものである。日本の大学院の現状を見ると，おおいに改善の余地はあるといえる。教育の質を確保するためには，制度内の居心地のよさと多様性のなかの競争とのバランスをとることが肝要である。現行制度では，意図的ではないにしても，居心地のよさに比重をかけすぎているといえる。

　教員の構成にしてもいっそうの多様性が求められる。同一大学の出身者が過半数を占めることは，一般的にいって，学問の発展にとってひとつの阻害要因になっているのではないか。普通の状態になれば，3分の1または4分の1以下が望ましいのではないか。

4. むすび

　以上，心理学への期待について管見を述べたのであるが，心理学の改革はまぎれもなく心理学者全体の課題である。私も上述の私見に必ずしもこだわるものではない。拙文が今後の改革の一助になれば幸いである。

　　付記：本文中に上げた参考文献の詳細については東江平之著『心理学へのアプローチ・心理学からのアプローチ』，1996 年，北大路書房，pp.212-223 を参照されたし。

あとがき

　本書は,「はじめに」でも述べたように, 2005年6月11日に琉球大学法文学部において開催された日本社会心理学会第49回公開シンポジウム「住みよい環境のあり方を探る―社会心理学的アプローチ―」の成果をまとめたものです。そのため, 本文における表現・記述形式に関しては, 読者が, シンポジウムの口頭発表・質疑応答の雰囲気を感じられるようなものとしました。シンポジウム当日は, 地域住民, 学会員, 学生など200名以上が参加し, フロアとの議論の時間が不足するほどの盛況でした。これは, 本シンポジウムのテーマに対する関心の高さを反映したことであると理解し, 準備委員会一同, 安堵と喜びに包まれました。

　さて, 社会心理学会が開催するシンポジウムは, 趣旨説明にもありますように「学会から地域へのサービス」という観点が重視されています。ここには, 学問が日常生活と乖離したものであってはならないとする社会心理学会の基本的性格が反映されているように感じられます。また, 特に「社会」心理学にとって, どのような社会現象に着目し, その解明から改善への道筋を立てるかということは, 常に本質的な課題であったはずです。その意味において, 本シンポジウムは, 沖縄における「住みよい環境」の実現のために, どのようなことが課題として浮き上がってくるかについて問題を提起し, その解決の糸口を模索しようという意図で企画されました。自然環境の破壊,劣悪な生活環境,少子高齢化といっ

たことは，沖縄の局所的な問題ということではないはずです。「沖縄は，日本社会の縮図である」という，ある作家の言をまつまでもなく，島国日本の離島県沖縄において，戦後史の事情も加わって，特に上記問題が顕在化しやすいということに過ぎないと思われます。そのような考えから，本シンポジウムの成果が，沖縄から日本各地への情報発信という，より普遍性を持つ議論へとつながることを期待しています。

　ところで，心理学が何らかの社会貢献を果たすためには，学術研究の成果を論文や学会活動を通して社会に還元していく一方で，心理学の知識・技能を身につけた有為なる人材を教育し，社会へ輩出していくことが必要です。本書の第Ⅱ部において，心理学教育の根幹にかかわる提言がなされたのは，そのための具体的指針を提供することを目的としています。

　本書が「住みよい環境」を実現するための議論の契機となり，また，今後の心理学教育に何らかの形で反映されることを期待しております。さらに大切なのは，議論を継続・深化させ，具体的な行動指針や実現可能な目標を見いだしていくことだと思います。それらのことを通して，現実の社会現象との関連性が強い社会心理学の醍醐味を再認識していただけることを願っております。

2006 年 8 月
高良美樹

【編著者紹介】
中村　完（なかむら・たもつ）
　　1940 年　　沖縄県に生まれる
　　1965 年　　琉球大学教育学部卒業
　　1974 年　　駒澤大学大学院博士課程心理学専攻中退
　　現　　在　　琉球大学名誉教授（文学博士）

　◪主な著書・論文
　　「教育心理学リーディング―教育心理学の理論的背景と今後の展開―」（共著）　北大路書房　1991
　　「戦後沖縄とアメリカ―異文化接触の 50 年―」（共著）　沖縄タイムス社　1995
　　「社会心理学入門―自己・他者そして社会の理解のために―」（編著）　福村出版　1997
　　「復帰後沖縄における社会不安に関する継続的研究」（編著）　琉球大学重点化経費研究報告書　2005
　　「沖縄心理学会 32 年の歩み―変遷と役割及び課題―」（単著）　心理学評論　第 48 巻第 4 号　539-548　2005

【著者一覧】（50 音順）
　東江平之　　琉球大学　名誉教授
　岩田　紀　　大阪樟蔭女子大学　教授
　大城宜武　　沖縄キリスト教学院大学　教授
　金城　亮　　名桜大学　助教授
　國吉和子　　沖縄大学　教授
　桜井国俊　　沖縄大学　学長
　大坊郁夫　　大阪大学　大学院　教授
　高木　修　　関西大学　教授
　藤田綾子　　大阪大学　大学院　教授

日本社会心理学会第 49 回公開シンポジウム　実行委員会

　　　　委員長　　中村　完
　　　　委　員　　松浦光和
　　　　委　員　　遠藤光男
　　　　委　員　　田中寛二
　　　　委　員　　高良美樹

環境のモデルノロジー
自然・基地・社会・学術等の環境を考える―沖縄からの発信―

2006年9月1日	初版第1刷印刷	＊定価はカバーに表示して
2006年9月10日	初版第1刷発行	あります。

編著者　中　村　　　完
発行所　　（株）北大路書房
〒603-8303　京都市北区紫野十二坊町12 - 8
電　話　(075) 431 - 0361(代)
ＦＡＸ　(075) 431 - 9393
振　替　01050 - 4 - 2083

ⓒ 2006　　　制作：桃夭舎　印刷／製本：モリモト印刷（株）
ISBN 4-7628-2526-3
検印省略　落丁本・乱丁本はお取替え致します。
Printed in Japan